Comment coacher

Éléna Fourès

Comment coacher

Éditions
d'Organisation

Éditions d'Organisation
1, rue Thénard
75240 Paris Cedex 05

Consultez notre site :
www.editions-organisation.com

Pour contacter Éléna Fourès :
www.idem-per-idem.com

Chez le même éditeur,

Alain RICHEMOND, *La résilience économique*, 2003.

Éric ALBERT, Frank BOURNOIS, Jérôme DUVAL-HAMEL, Jacques ROJOT, Sylvie ROUSSILLON, Renaud SAINSAULIEU, *Pourquoi j'irais travailler*.

© Éditions d'Organisation, 2003

ISBN : 2-7081-2947-3

À Pierre

Sommaire

Partie I
COACHING : SAVOIR ET SAVOIR-FAIRE

Le coaching progresse sur le terrain de l'entreprise. Et pour l'éclairer, nous vous offrons tour à tour de distinguer ses spécificités face aux autres approches, de définir la « pyramide » de ses acteurs, d'analyser les conditions indispensables à un coaching efficace, de développer son organisation (son déroulement étape par étape) et d'exposer ses objectifs apparents et profonds.

Partie II
LA BOÎTE À OUTILS

Nous fournissons tout d'abord des clefs de « décodages » pour permettre au coach de se faire une idée de « ce qui se passe dans la tête » du coaché (et dans la sienne). Puis nous lui proposons des outils concrets ainsi que des techniques d'intervention à mettre en œuvre lors des séances de coaching, afin d'aider le coaché à fixer puis atteindre ses objectifs de changement.

Introduction

Je suis née en Russie, derrière le « rideau de fer », dans une famille appartenant à l'intelligentsia moscovite. Dès l'âge de 13 ans, je me suis sentie en désaccord politique profond, tant le climat totalitaire des années 60 me pesait. Ce « décalage » personnel m'a valu mes premiers ennuis lors de mes études universitaires à Moscou, et j'ai pris alors la décision de quitter mon pays. Je savais que si je continuais, ce serait la prison ou l'hôpital psychiatrique.

J'ai réussi à partir en 1978 et suis arrivée à Paris, Gare du Nord, sans argent, sans parler la langue française, avec, pour seul bagage, mon diplôme universitaire et une image « d'Épinal » de la France. Soviétique à Paris, je me suis sentie comme venant d'une autre planète, en décalage total. Le sentiment de perte d'identité, propre aux immigrés, s'est aggravé par le fait que, sans papiers en règle au début, j'ai dû « galérer » et faire des « petits boulots ».

C'est ainsi que j'ai vécu ma première « *révolution culturelle* », une série de remises en question sévères. J'ai décidé alors de changer, de rattraper le niveau social et d'apprendre en commençant par le français. C'est ainsi qu'en 2 ans j'ai fait un Diplôme d'Études Approfondies et, en 1981, un Doctorat en linguistique (sémantique) à la Sorbonne IV.

Le travail sur moi-même que j'ai fait pour m'« acculturer » m'a aidé à m'intégrer professionnellement. Je me suis mise à donner des cours d'anglais, d'espagnol et de russe, chez moi d'abord, puis dans les écoles pour adultes et enfin, à l'université.

Plusieurs personnes dans mon entourage de l'époque ont joué, sans le savoir, le rôle des coachs pour moi.

Suite à la soutenance de ma thèse en 1981 on m'a offert un poste à l'École Normale Supérieure d'Abidjan, en Côte d'Ivoire. C'est ainsi que je suis entrée dans ma deuxième « *révolution culturelle* » qui m'a permis à nouveau de changer et d'apprendre.

J'ai vécu 9 ans en Afrique de 1981 à 1989, et j'y ai fréquenté autant la communauté européenne qu'africaine. Mon référentiel a intégré des réalités totalement différentes.

En 1984 tout en enseignant à l'ENS j'ai fondé un Centre de Formation en Langues pour les professionnels : hôteliers, pétroliers, banquiers : « International Language Center ». Ce Centre a grandi très vite, et j'y ai appris à manager (nous étions une trentaine).

La majorité de nos clients étaient des dirigeants expatriés (français, anglais, hollandais, américains). Tous avaient des difficultés à diriger les cadres ivoiriens, difficultés liées au décalage culturel et au manque de transculturalité. Cela nous a incité à créer en 1986 nos premiers Ateliers pour Dirigeants « Manager dans un contexte transculturel ». C'était en fait un coaching d'équipe. Ce fut une révélation et le début d'un nouveau tournant.

En effet, notre Centre des langues est devenu leader en Cote d'Ivoire et il était temps pour moi de commencer ma troisième « *révolution culturelle* ». J'avais envie de changer de métier et devenir « l'huile de moteur », facilitant le développement professionnel des Exécutifs.

On n'utilisait pas encore à l'époque le terme « coach », ni, encore moins, celui d'« Executive Coach ».

J'ai commencé à me former au management, à la psychologie du travail, aux différentes approches de conduite de changement en Europe et aux USA. C'est de là que date ma quête de techniques et d'outils de changement, quête qui continue toujours, ainsi que mon travail sur moi-même.

À cette époque ma vie personnelle prend aussi un tournant, car depuis je construis à deux. Successivement, Pierre va jouer le rôle de mon coach personnel, de « cerveau » pour notre méthodologie, de binôme de travail et aussi de père de nos deux enfants qui vont naître en France où nous rentrons en 1989 après avoir vendu notre Centre de langues.

Je commence alors à coacher et le premier besoin que je ressens en tant que coach « forgeant pour apprendre à forger » est un besoin d'instruments : nous manquions d'outils efficaces pour faire l'audit initial et produire les résultats attendus.

Nous nous mettons alors à « retravailler » les approches les plus performantes disponibles, telles que la sémantique générale, la neurolinguistique, l'approche éricksonnienne, l'approche systémique (Palo Alto) et bien d'autres. Nous allons d'abord les adapter à la démarche de coaching, puis, en les affûtant, les transformer en outils « pointus » pour enfin les combiner et les « fertiliser » dans leur jeu combinatoire. Par ce travail d'adaptation et de « fertilisation croisée » nous allons créer notre propre « sauce » coaching et formaliser nos propres procédures et supports de changement aujourd'hui déposés sous le nom de « *Progressor* ».

Nous fondons notre cabinet d'Exécutive Coaching en 1995 – ***IDEM PER IDEM Consultants***.

Ce nom latin signifie « *la même chose **par** la même chose* » et aussi « *les mêmes **pour** les mêmes* », ce qui, appliqué au coaching, s'illustre par l'exemple du diamant et du charbon.

En effet, et le *diamant* et le *charbon* sont tous les deux formés du même matériau de base : le carbone. La seule différence, c'est que le diamant, lui, a « travaillé » sous d'énormes pressions et s'est transformé.

Cette transmutation du diamant est un <u>modèle d'un vrai changement</u> :

– *structurel*, (impliquant un changement de structure intérieure, en l'occurrence moléculaire),

– *endogène* (provenant de l'intérieur),

– *systémique* : le résultat obtenu est qualitativement supérieur à l'addition des composants de départ.

Le coaching, lui, vise toujours un travail de changement qu'il catalyse.

D'ailleurs, Malcolm Forbes, fondateur du célèbre magasine « Forbes » disait « diamonds are just chunks of coal that stuck to their jobs » : « Les diamants sont des simples charbons qui s'acharnent à leur travail ».

Le coaching aide à révéler et à mettre en valeur le « diamant » à l'intérieur de chacun. Puis, une fois révélé, il faut le travailler. Or, **pour tailler un diamant, il faut un autre diamant : *IDEM PER IDEM*** – « *la même chose par la même chose* ». Le coach, tel un diamant industriel, aide à « tailler » les pierres des coachés.

Ceci est une métaphore du Coaching Transformationnel, elle reflète notre Méthodologie « *Progressor* ».

Travailler sur soi-même a pour but de progresser *par rapport à soi-même*. En effet, si chaque diamant est unique en fonction de sa forme, de sa grosseur, il faut qu'il donne *le meilleur de lui-même*. Le coach travaille de façon très personnalisée, dans le respect des « pierres », toutes différentes et toutes uniques.

L'objectif du coach, c'est de faire progresser depuis la « pierre » enfermée dans sa gangue, ou la « pierre » brute encore à dégrossir, pour aboutir à la « pierre » taillée, polie et sertie avec les autres « pierres » qui toutes brillent de mille feux. Car *l'âme du diamant, c'est la lumière*.

Et l'âme du coaching, c'est « de faire grandir ». Et, formant un cercle vertueux, c'est en faisant « grandir » les autres que le coach « grandit » lui-même, pour encore mieux « faire grandir » : ***IDEM PER IDEM*** : « *les mêmes pour les mêmes* ».

Depuis 1996 j'interviens dans les Universités des entreprises des Grands Groupes et dans les Cycles « corporate » de Perfectionnement de Management pour apprendre aux Managers à « coacher ». Nous parlons alors du **Coaching** comme d'un **style de management** (« faire grandir » les équipes) ainsi que du **transfert des outils de base de coaching** vers le managers opérationnels pour améliorer la productivité. Aujourd'hui nous

14

positionnons **le Coaching** comme faisant partie des 4 **compétences péri-phériques les plus sollicitées**, dites les MÉTA-COMPÉTENCES du LEADERSHIP :

– *compétence à mener le changement* ;

– *compétences à coacher l'équipe*, **donner et porter le sens** (en tant que direction et en tant que signification) faire « grandir » les hommes et les femmes ;

– le *Rayonnement Personnel* ou la compétence à **incarner le sens** ; le capital de l'Intelligence émotionnelle ;

– le *Capital de l'Intelligence Politique* ou la capacité de déployer la stratégie adéquate pour mener à bien les projets stratégiques, souvent transversaux et transculturels, dans un environnement politiquement complexe.

Ces Compétenses *sine qua non* s'articulent autour du Management Opérationnel qui lui-même, au fur et à mesure que le Dirigeant « grandit », se réduit pour se transformer en *Management stratégique* :

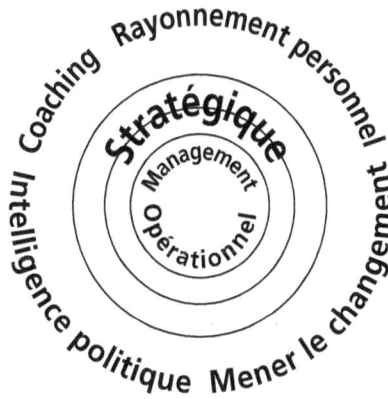

Ce livre est basé sur les 7 ans d'expérience de transfert dans l'organisation des savoir-faire du coach, et vise à développer la Méta-compétence de coaching.

Il s'adresse aux Dirigeants déjà pratiquant le coaching et à ceux qui veulent s'y initier, aux DRH, acheteurs de la prestation de coaching, aux Directeurs chargés de Développement des Exécutifs et Hauts Potentiels, aux Coachs, aux Prescripteurs et aux Sponsors du Coaching et à tous les Managers qui veulent enrichir leur pratique, et, bien sûr, aux Coaché(e)s.

LE MANAGER-COACH est une appellation que l'on utilisera partout dans ce livre pour désigner le Manager qui est en train d'acquérir ou de parfaire la Méta-compétence à Coacher. C'est un Manager « éclairé » qui cherche à « fructifier » ses équipes et à faire « grandir » ses collaborateurs. Il pré-coache, coache et saura aussi jouer le rôle de Prescripteur pour suggérer un coaching avec un coach professionnel externe. Ce qui signifie que le Manager-coach sera aussi un acheteur avisé de la prestation de coaching.

© Éditions d'Organisation

I

COACHING :
SAVOIR ET SAVOIR-FAIRE

Le coaching progresse sur le terrain de l'entreprise. Et pour l'éclairer, nous vous offrons tour à tour de distinguer ses spécificités face aux autres approches, de définir la « pyramide » de ses acteurs, d'analyser les conditions indispensables à un coaching efficace, de développer son organisation (son déroulement étape par étape) et d'exposer ses objectifs apparents et profonds.

- I -
La vraie place du coaching dans l'entreprise

Situer le coach par rapport aux différents intervenants de l'entreprise

Le positionnement du coach dans l'organisation est pour le moins flou : les contours du conseil en management, de l'expert, du coach, ou du gourou se superposent et se confondent, tant dans l'esprit des dirigeants que dans la pratique sur le terrain. C'est pourquoi, puisque le « territoire » est commun à tous ces intervenants, il nous semble utile de préciser pour chacun ses spécificités, et sortir des effets de mode qui abusent de termes dont la « consonance entreprise » confère l'apparence du professionnel.

Pour avoir une vue globale de leurs similitudes et différences, voici un tableau récapitulatif des différents types d'intervenants en entreprise :

	CONSEIL EN MANAGE-MENT	EXPERT	COACH	MENTOR	PSYCHO-THÉRA-PEUTE DE L'ENTRE-PRISE (COR-PORATE THERAPIST)	GOUROU
Essence	manager organiser améliorer les procédures dans l'organi-sation	*knowledge import*	changer	transmettre	guérir	soumettre
Objectif du client	améliorer	copier	changer	recevoir un savoir-faire personnel et institutionnel	redevenir « normal »	suivre le gourou, se reposer sur lui
Type de sécu-rité procurée au client	sécurité entre pairs	sécurité normative	sécurité endo-gène (venant de l'intérieur)	sécurité affec-tive de l'« ancien »	santé de l'organisation selon le leader	sécurité affec-tive du leader

	CONSEIL EN MANAGE-MENT	EXPERT	COACH	MENTOR	PSYCHO-THÉRA-PEUTE DE L'ENTRE-PRISE *(COR-PORATE THERAPIST)*	GOUROU
D'où vient la solution ? Est-elle exogène ou endogène ?	du conseiller (expérience ou connais-sance) d'où : exogène	d'une expé-rience externe connue de l'expert d'où : exogène	du client (le coach est catalyseur) d'où : endo-gène	du mentor et de l'organi-sation d'où : exogène	du théra-peute d'où : exogène	Du gourou personnelle-ment d'où : exogène
Procédure	l'analyse	la modélisa-tion de l'expertise	la catalyse	la modélisa-tion du mentor	la verbalisa-tion	La « révélation » personnelle du gourou
Grilles de lecture	outils d'analyse issus de théories de management	mono-outil	multi-outils	expérience corporative	mono-outil	la foi, le dogme
Nature des outils	basée sur l'interpréta-tion	basée sur la transposition	non interpré-tative	basée sur une culture, des règles d'art, des traditions	thérapie analytique transposée dans l'entre-prise	illumination personnelle
Positionne-ment	impliqué dans la solution	détenteur de la solution	n'a pas la solution et ne cherche pas à « compren-dre » mais susciter le changement	transmet à des jeunes	neutre par rapport à la solution mais cherche à « compren-dre »	il est LA solu-tion
Nombre d'intervenants	multiple	unique	seul ou en équipe, par exemple en binôme de coachs	unique	unique	unique

À l'évidence, même si dans la réalité le type « pur » d'intervenant n'existe pas, et que la plupart des coachs professionnels ont été conseils ou experts, nous parlons ici de types d'intervenant par rapport à la nature de leur activité dans le présent et leur façon de l'exercer, sans entrer dans les nuances des styles personnels. Ainsi, voici une description synthétique de chaque type d'intervenant.

– Le conseil en management

L'objectif du conseil est d'améliorer les performances de l'organisation. La solution, dans ce cas, vient du conseiller lui-même, de son expérience, son « *know-how* » (savoir-faire). La nature des outils est presque toujours analytique, basée sur l'interprétation de ce qui se passe dans l'entreprise, sa « lecture » de la réalité de l'entreprise. Il peut intervenir seul, comme il peut être en groupe de consultants.

– L'expert

Son essence est d'importer dans l'entreprise un *know-how* qu'il possède ; ainsi il importe le modèle de l'excellence qui a fait ses preuves et l'implante sur le terrain, avec les adaptations que cela implique. Il œuvre alors à la sécurité normative et à la standardisation des pratiques. La solution est donc exogène, puisqu'elle vient simultanément d'une expérience extérieure et de l'expert qui la détient. L'expert peut être mono-outil ; sa pratique est basée sur la transposition d'un modèle, d'une pratique ou d'une procédure de référence. Il peut intervenir seul.

– Le coach

Si le coaching est l'accompagnement vers un objectif de performance (réaliser, grandir, progresser pour devenir meilleur), alors cela implique un changement. Ce changement se passe intérieurement chez l'homme et n'est mesurable qu'au niveau des résultats, sous forme de comportements et attitudes observables. Le coach doit procurer à ses clients de la sécurité endogène, c'est-à-dire la sécurité qui vient de l'intérieur et que la personne génère elle-même, ce que lui permet de se mobiliser sur son objectif pour ensuite pouvoir l'atteindre. Cette sécurité n'exclut pas une parcelle de tension interne qui est aussi nécessaire pour cette mobilisation.

Le coach canalise, soutient, organise l'« entraînement » pour que l'« athlète » devienne un champion. Il est donc **orienté résultats concrets** de la performance dans un cadre très concurrentiel de compétition. Il a acquis au moins trois techniques (selon notre point de vue, c'est un minimum), qu'il utilise pour y parvenir. Cette approche multi-outils lui permet de choisir celui qui sera le mieux approprié au coaché, plutôt que d'adapter, comme c'est le cas pour le thérapeute mono-outil, son client à l'outil, et en quelque sorte de le « passer » à travers sa grille de lecture unique et donc de la lui faire adopter. Ce dernier processus est très long et par là même ne convient pas au coaching. Car le coach se distingue par son aspect **court terme**, **travaillant par objectif**, souvent sous pression de délais, en urgence, **regardant plutôt vers l'avenir** que vers le passé : il doit agir très vite et le coaché n'a pas à vivre ce processus d'appropriation de la grille de lecture de l'intervenant. C'est un peu comme si, souffrant d'une rage de dents, vous vous rendiez chez le dentiste, et que celui-ci se lançait dans un cours illustré et exigeait de vous d'acquérir une compréhension profonde du mécanisme de l'inflammation et des causes de celle-ci au lieu de vous soigner…

Ainsi, à la différence des autres intervenants, le coach cherche, par un processus de **catalyse**, à susciter une **solution endogène**, qui, grâce au processus de coaching, arrive à s'appuyer sur ses forces internes et externes et à se « brancher » sur les ressources existantes (jusque-là non disponibles), ou à en créer d'autres. En cas de décision à prendre, en tant que promoteur de la solution endogène, le coach intervient en dernier, après les experts qui ont donné leur point de vue. Ainsi, le coach n'en apporte pas un de plus. Ce qui fait qu'il **ne détient pas une solution** et n'est pas LA solution, mais facilite, catalyse et accélère le processus de décision et de changement chez son client. En effet, le coach professionnel a affaire au coaché, manager de l'entreprise et paradoxalement meilleur expert que lui de la solution ou du contenu « technique ». L'expertise du coach, c'est sa capacité à **procurer un cadre et une procédure de coaching** qui permettra ce processus endogène, et à éviter la « projection » d'un expert technique.

© Éditions d'Organisation

Le coach peut intervenir seul, en binôme ou en équipe de coachs ; cette dernière possibilité est préconisée dans le cas de de coaching d'une équipe ou d'une organisation et diminue le risque de « gouroutisation ».

– *Le mentor*

Le mentor est une personne qui suit et encadre le processus de formation tel qu'il existe dans le compagnonnage (il prendrait dans ce cadre le statut de « maître »). Il transmet les techniques mais aussi les valeurs, la culture de l'entreprise. L'objectif visé inclut la transmission, généralement d'une génération à l'autre, du capital savoir et savoir-faire, ainsi que certains éléments culturels. Cette transmission se fait de façon très personnalisée ; la relation, développée dans le temps, résulte en un lien puissant, où la modélisation joue un rôle primordial. L'autorité morale du mentor, en plus de son excellence professionnelle reconnue, lui permet d'exercer son rôle auprès du « compagnon » mentoré. La démarche de mentoring est une démarche « intérieure » dans l'entreprise, endogène. Elle est parfaitement compatible avec celle de coaching : le coach pro peut exercer sa mission en bonne intelligence et en harmonie avec le mentor. D'ailleurs, le manager-coach peut jouer les deux rôles simultanément en parallèle. La grande différence est dans le fait que le mentor donne à son mentoré la solution en lui montrant son exemple (la solution est donc exogène pour ce dernier), tandis que le manager-coach suscite et catalyse chez le coaché une solution endogène, qui lui vient « de l'intérieur ».

– *Le psycho-thérapeute de l'entreprise / organisation* (corporate therapist)

Il a pour objectif de guérir. Il s'occupe des pathologies typiques du travail : dépendances, stress, comportements obsessionnels, dépression, « *work holism* », etc., et se soucie donc d'un retour ou d'une canalisation vers des comportements normatifs (dits « normaux »), vers une santé psychique collective de l'organisation. Pour ce faire, il utilise différents outils thérapeutiques transposés dans l'entreprise, y compris la médicalisation. Cette spécialité nord-américaine est quasi inconnue en France, ce qui est intéressant en soi.

– Le gourou

L'objectif du gourou est d'exploiter de façon affective, intellectuelle et matérielle l'organisation à travers son patron. La solution vient de lui directement, ou plutôt, il est LA solution (cela veut dire que la solution est exogène). Mais plus que la solution, il procure un climat particulier de sécurité au dirigeant qui, grâce à lui, a l'illusion d'accéder à une vision particulière. Le *background* de ses outils, c'est le dogme, le tout teinté de foi, souvent d'illumination personnelle. Il est seul, perçu comme unique et même s'il est entouré de disciples et assistants, il ne partage jamais son pouvoir et son aura. En entreprise, il parasite le dirigeant. C'est observable par la nature de la relation qu'il crée, car il installe la dépendance (envers lui) et infantilise les clients, qui sans lui ne peuvent plus grand-chose. Il est le plus souvent présent sous forme de « teinte » (*shade*) qui « colore » les autres types d'intervenants, y compris le coach qui, dans ce cas, « vire » au gourou. La différence fondamentale entre le bon coach et le gourou, c'est que le premier vise l'indépendance du client, qui « grandira » et pourra se passer de lui à l'issue du coaching qui est, dans la plupart des cas, de courte durée.

Le coaching vis-à-vis d'autres approches

La thérapie analytique et le coaching

Souvent amalgamés de façon plus ou moins inconsciente, la thérapie et le coaching recouvrent en fait des réalités et des pratiques très différentes.

La thérapie est un processus de réparation des expériences traumatisantes (dans le passé lointain ou récent), des épreuves dans la vie professionnelle ou personnelle (comme la perte d'un être cher ou d'un emploi, ou encore un divorce), vécues comme un drame et ayant laissé une trace douloureuse. Il est important de souligner que même si elle se préoccupe des répercutions dans le présent, la thérapie est d'habitude majoritairement rétrospective, orientée plutôt vers le passé, passage obligatoire. En outre, elle est souvent basée sur le présupposé qu'il suffit de comprendre la raison, de voir la causalité des difficultés pour que celles-ci se résolvent. Ici, la compréhension équivaut déjà à la solution. La thérapie vise donc majoritairement la **compréhension**, le fameux « pourquoi », résultant de l'analyse de la situation. Or, comme le disait Albert Einstein, on ne peut pas résoudre un problème avec le même raisonnement que celui qui a servi à créer ce problème. La « compréhension » est souvent une interprétation « déculpabilisante » en apparence (c'est la faute de quelqu'un d'autre : mes parents, etc.) et, par là même, elle est déresponsabilisation.

Le coaching, quant à lui, est orienté vers le futur et vise le changement des comportements et attitudes, ce qui présuppose le changement dans le « *back-office* » des croyances, valeurs et identités. Mais l'illusion de comprendre, le plaisir « narcissique » (dirait un « psy ») de parler de ses difficultés, de soi, ne font que les rendre plus légitimes, voire les faire paraître plus importantes.

Le coaching vise la solution – pas la compréhension – et considère paradoxalement **qu'il n'est pas obligatoirement nécessaire de comprendre pour changer.**

La psychanalyse et le coaching

La psychanalyse, vénérable centenaire, est « dissoute » dans notre substrat culturel et présente dans l'entreprise, appliquée au management dans plusieurs méthodologies de façon plus ou moins affichée. Tout comme la thérapie analytique, elle est basée sur le présupposé qu'il suffit de comprendre d'ou viennent les difficultés pour que ces dernières soient plus faciles à changer, voire faire disparaître.

Beaucoup d'acteurs de l'entreprise ont goûté à la psychanalyse ou à la thérapie, certains en ont été dégoûtés et, par réaction, ont étendu une attitude d'intolérance à toute autre approche « psy » ou à tout autre processus d'accompagnement humain. Tout cela est une espèce de « psycho-patrouille », diront-ils, ce qui reflète une croyance populaire selon laquelle l'intérieur est insondable, et (à la lueur de présumées pulsions qui y grouillent) qu'on ne sait pas quel genre d'horreurs on pourrait y trouver... Par conséquent, quiconque prétend savoir s'y prendre est soit un « psy », soit un charlatan, soit les deux (et en prolongeant cette dernière option, on tombe sur un gourou). Ainsi, la tâche de faire travailler les personnes ayant développé ce préjugé défavorable (même en utilisant d'autres outils) s'avère difficile. Et c'est vrai pour n'importe quelle approche qui « n'a pas marché » dans l'organisation, telle que la PNL, souvent apportée dans l'organisation par des personnes ayant elles-mêmes suivi au préalable un stage de deux jours..

La psychanalyse, comme toute théorie, est un postulat qui devient une « grille de lecture » de la RÉALITÉ et qui interprète cette RÉALITÉ (le factuel) en établissant des liens causaux et en cherchant à les faire admettre au client qui les adopte jusqu'à ce que cela devienne SA réalité. C'est essentiellement pour cette raison qu'elle requiert tant de temps. Car la personne doit s'approprier le vocabulaire, le système de pensée, la théorie qui est derrière, etc. C'est un peu comme l'histoire de la purée de patates ; une fois que les pommes de terre ont été passées au tamis et la purée sortie de l'autre côté, il n'y a plus aucun moyen de retourner à l'état précédent de pommes de terre.

Or, tout comme le disait Albert Einstein :

> « Il n'est pas vrai que la théorie se base sur les observations,
> c'est la théorie qui détermine ce que nous pouvons observer ».

Pour sa part, Werner Karl Heisenberg formulait ainsi cette conviction :

> « Souvenons-nous que nous n'observons pas la nature elle-même,
> mais la nature soumise à notre méthode d'investigation ».

Les deux grands savants étaient alors conscients de la transformation que chacun fait de LA RÉALITÉ pour ne posséder qu'une Réalité Personnelle Subjective (cf. part. II, chap. 2).

Vu l'investissement de temps qu'elle nécessite, la psychanalyse paraît déjà peu adaptée à l'entreprise car non opérationnelle dans le court terme, l'urgence et le début du moyen terme. On ne l'y trouve donc pas dans sa forme « pure » mais sous une forme « adaptée au management ». Elle peut être introduite de façon insidieuse comme une trame de la méthodologie, ou encore par la personne intervenant qui est de formation psychanalytique ou qui exerce comme tel en dehors de l'entreprise en même temps.

La psychanalyse est aussi très différente du coaching dans son esprit, dans la mesure où elle se focalise plus sur le négatif, sur « ce qui ne va pas », et nourrit potentiellement un climat de résistances, car crée un doute existentiel chez la personne.

Sa finalité d'introspection ne mobilise pas vers la construction ou l'enthousiasme, mais vers une lucidité résignée à admettre l'existence et la puissance de pulsions destructrices, telles des monstres qui grouillent dans les abîmes mal verrouillés de notre intérieur. La question devient alors : comment passer de cette auto-contemplation « lucide » et cette envie affichée d'être « clair avec soi-même » à l'action dans un état interne d'enthousiasme au sein de l'entreprise ? Il y a là un décalage émotionnel évident avec ce qui est attendu comme résultat des acteurs de l'entreprise, et donc décalage de « tonalité musicale ».

Le développement personnel et le coaching

On assimile quelquefois le développement personnel au coaching. Or, comme son nom l'indique, le développement personnel vise le progrès et le mieux-être **de la personne, en dehors du cadre exclusivement professionnel.** C'est plutôt son analogue en entreprise, dit **développement professionnel** (des cadres dirigeants) qui occupe potentiellement ou partiellement le même terrain que le coaching.

Toutefois, il existe d'évidentes différences entre les deux. D'abord, le développement personnel peut emprunter des voies telles que **le théâtre, les sports martiaux, des voyages « apprenants » ou encore des expériences de survie** (désert, etc.) que le coaching et surtout le coaching des dirigeants n'utilise pas. Ensuite, le développement personnel utilise très rarement le travail individuel : on **travaille d'habitude en groupe**. De ce fait, **les objectifs sont plus larges**, définis en termes d'amélioration de son potentiel humain et du mieux-être personnel. Il arrive aussi que sous ce terme on désigne le travail visant l'accroissement de la maturité émotionnelle.

Quant au développement professionnel, il s'agit du développement des compétences professionnelles et de l'ascension des cadres dans l'Organisation. Les cycles corporatifs de formation tels que les Universités internes visent ces objectifs spécifiques. C'est ici que l'action du coaching individuel ou en équipe peut être complémentaire du programme de développement professionnel. Dans plusieurs groupes cela se pratique et la « fertilisation croisée » de ces deux approches donne un excellent résultat.

Retour sur quelques idées fausses

— « Le coach professionnel doit avoir une culture profonde du métier du coaché. »

Le coach n'est pas l'expert, même s'il est souhaitable qu'il ait un minimum de « culture » dans le domaine du coaché, plus d'ailleurs dans le sens « culture de l'entreprise » que « culture métier ». Ainsi, un ex-tennisman ne sera pas nécessairement le meilleur coach pour un joueur de tennis. Un autre grand sportif pourra l'être, pourvu qu'il ait la culture de ce milieu, en connaisse les rouages, les règles et les enjeux ainsi que le « fonctionnement » des sportifs. En ce qui concerne le coach, lui possède cette culture métier mais doit parvenir à en faire abstraction lors du coaching pour ne pas « virer » à l'expert ; car il ne s'agit pas de l'être ni d'agir en mentor (dans son : « fais comme moi »). Il s'agit d'être coach, ce qui signifie : « trouve ta propre solution ».

— « On ne peut pas changer sans comprendre (analyser) profondément l'origine des difficultés. »

On peut changer sans comprendre, même si c'est une idée difficile à faire admettre à tout esprit cartésien. Car qui dit comprendre entend aussi « maîtriser ». Et la majorité des cadres dirigeants ont développé le syndrome du contrôleur ; se « laisser faire » est très difficile, peut-être parce qu'on a peur de devenir alors « patient » dans le sens latin du terme.

– « *Seuls les faibles ou les « mauvais » se font coacher.* »

Cette croyance collective tend heureusement à disparaître. Elle limite l'adhésion à la démarche de coaching, puisqu'elle vous fait croire que si vous acceptez de vous faire coacher, c'est que vous admettez avoir des « lacunes », et que pour cela le coaching est à éviter.

– « *Le coaching est manipulation.* »

Le spectre de la manipulation erre dans les couloirs des entreprises (pour exemple le cri du cœur d'un dirigeant déclarant au coach : « *Je ne vois pas comment vous pourriez faire, à moins de les hypnotiser !* »). Derrière cette crainte, plus ou moins exprimée, il y a d'abord la méfiance, la peur, le positionnement attentiste, réactif (sur la défensive), où plane l'ombre de « Big Brother », et le climat « corporate » hostile aux intérêts de l'individu, dont le premier réflexe est de s'opposer, résister aux contraintes de l'organisation. Si cette attitude est présente de façon collective, cela peut servir comme « baromètre » du climat social dans le service, département ou, plus largement, dans l'organisation.

Quels sont les acteurs concernés ?

Du triangle à la pyramide des acteurs du coaching

Le coach professionnel n'existe pas dans l'entreprise sans le prescripteur. Le triangle classique que forment le prescripteur, le(s) coaché(s) et le coach fonde cette formidable démarche qui permet de « grandir » aux uns et d'améliorer l'équipe aux autres dans le cadre de l'organisation.

– *Le prescripteur*

Le manager-coach peut jouer le rôle du prescripteur, tout comme le DRH ou le Responsable du Développement des Compétences des Dirigeants qui identifie le sujet de travail de « croissance » et fait appel à un coach après avoir « vendu » cette proposition au coaché. Autre possibilité : le coaché lui-même fait la demande à son manager qui appellera un coach. Ou encore, la tradition existe, les dirigeants disposent d'un « crédit-coaching » (il y a alors des coachs attitrés) : tout comme on fait un plan de formation, ouvert aux demandeurs, on en fait un de coaching.

– Le coaché

Le coaché, s'il en fait la demande lui-même, doit avoir connaissance des · pratiques de coaching dans l'organisation en tant que démarche possible. Dans ce cas, qu'il parle de « ce qui ne va pas » (Espace problème) ou de « ce qu'il veut obtenir à la place » (Espace solution), il est généralement motivé pour s'engager dans le coaching.

Si, par contre, il se fait appeler par son responsable pour se faire proposer cette démarche, le coaché potentiel n'a pas la même motivation au départ, ce qui pourra amplifier plus tard des résistances. Le prescripteur va, de toute façon, faire du pré-coaching avec ce type de coaché pour le motiver à entrer de lui-même dans la démarche de coaching.

Le coaché est donc soit pro-actif, soit réactif, ces états pouvant d'ailleurs facilement se succéder.

– Le coach

Le coach, lui, va donc passer un contrat tripartite entre lui-même, qui va coacher, le prescripteur, qui représente l'organisation, finance et permet d'entreprendre la démarche sur le temps de travail, et le coaché qui va investir de l'énergie et travailler pour grandir, changer, acquérir de nouvelles compétences. Ce contrat, pour être « sain », devrait garantir une confidentialité absolue quant au contenu de coaching et une transparence par rapport à l'avancée du travail et des résultats atteints. Par exemple, le coach va pouvoir dire : « Nous avons bien avancé et j'ai pu, en tant que coach, atteindre mes objectifs pour ces deux séances » sans fournir aucun contenu de celles-ci, en ajoutant que le processus était en bonne marche et que, de façon prévisionnelle, ils finiront dans les délais impartis.

© Éditions d'Organisation

Remarquez ici le recadrage spécifique du fait que ce n'est pas la performance du coaché mais celle du coach qui est appréciée (« Il n' y a pas de mauvais élèves mais de mauvais professeurs »).

On constate une dynamique positive dans le cas du bon fonctionnement du « triangle ». D'habitude, les relations entre le coaché et le prescripteur sont améliorées à l'issue du coaching, et l'organisation en profite aussi. Mais parfois, il existe des configurations moins claires et plus complexes, où, par exemple, la culture de coaching n'existant pas dans l'organisation, le prescripteur va la « déguiser » en « formation individuelle ». Cette « astuce » diminue le rayonnement du coaché une fois l'objectif atteint, et, puisque la démarche est clandestine, empêche le rayonnement du prescripteur dans l'organisation. Cependant, le résultat étant visible, personne n'étant dupe, les « résonances » dans le système ne peuvent être évitées. D'autres fois, c'est le coaché lui-même qui « déguise » son coaching en « formation » ; étant d'habitude d'un niveau hiérarchique élevé, il est lui-même son propre prescripteur... Le pire des cas est celui où le prescripteur existe mais le coaché ne doit pas savoir que c'est un coaching ; on lui fait croire qu'il suit une sorte de formation, et on lui communique des « messages ». Il est impossible de coacher quelqu'un sans avoir passé un contrat clair entre ces trois parties (coach, coaché et prescripteur) : le contrat doit être énoncé et contenir le principe de confidentialité, les paramètres prévus de la durée, du lieu, du coût, du cadre des objectifs, des résultats concrets attendus et des critères de réussite, le tout inscrit logiquement dans les besoins actuels de l'organisation.

Ce triangle devient pyramide à partir du moment où le superviseur du coach intervient. Il reste lié au coach et n'apparaît pas directement dans l'organisation, mais fait partie de la configuration, dans la mesure où il supervise la pratique du coach dans l'organisation. Il est intéressant de voir différentes configurations, selon que l'on met l'accent sur le client, le coach ou le prescripteur.

– Le manager-coach

Le triangle classique est donc modifié dans le cas du manager-coach puisque ce dernier réunit en une même personne les deux rôles du prescripteur et du coach. Dans cette situation, le manager a un double pouvoir ; celui hiérarchique et celui du coach, transformateur, basé sur l'objectif de faire progresser et grandir la personne. Ce double pouvoir peut être ressenti par le coaché comme une double dépendance, s'il l'interprète comme étant potentiellement dangereux. Le rôle du prescripteur devient alors très bref puisque, dès que le manager a repéré une difficulté concrète, il commence à travailler dessus avec le coaché (le cas échéant, il fera appel à un coach professionnel interne ou externe).

Il se peut que le manager-coach ait tendance à se concentrer plus sur « ce qui ne va pas » que sur ce que pourrait être amélioré, et qu'il consacre plus d'attention et de temps à ceux qui lui causent des problèmes qu'à ceux qui ne lui en causent pas, mais qui pourraient grandir et dont le potentiel de développement reste en friche.

Le management quotidien étant la résolution des problèmes quotidiens en temps réel, chaque dirigeant a deux faces un peu à la Janus[1], une de gestionnaire quotidien, qui vire au contrôleur, et une de visionnaire dont la ligne d'horizon est plus lointaine. Cette dernière face est comme la face cachée de la lune. Elle constitue soit leur jardin secret, soit leur « *tselina* », terre vierge qu'ils n'ont pas encore décidée de labourer. Quoi qu'il en soit, le manager européen est culturellement porté sur ce qui ne va pas, et souvent conçoit sa mission en ces termes-là.

La réunion des rôles du prescripteur et du coach opérationnel fait que la phase de « vente » d'intervention se modifie et se raccourcit. Est-il vraiment possible de refuser l'intervention à son responsable hiérarchique ? Quelle est la part de liberté laissée au coaché et qui est indispensable pour réussir l'opération ? Quel type de résistances fabrique-t-on lorsqu'on

---

1. Dieu italique et romain, représenté avec deux visages opposés, l'un sévère et l'autre souriant.

© Éditions d'Organisation

préconise ou on propose une intervention à quelqu'un qui ne peut la refuser ? D'abord, on peut tomber dans une pseudo-intervention, où la personne coachée va faire semblant que « ça marche » pour faire plaisir, ou pour être débarrassée le plus vite possible. Sinon, elle peut aussi prétendre que « ça ne marche pas ». Dans les deux cas, on décèle une expression parfaite de résistance.

Les coachs internes et les coachs externes

Parfois, on fait appel aux coachs professionnels internes ou externes, et il est important de comprendre en quoi ils diffèrent. Les coachs internes sont les salariés de l'entreprise ayant pour (unique) mission le coaching des collaborateurs. Plusieurs grands groupes en ont. Les coachs externes font des missions de coaching mais ils sont soit indépendants, soit ils appartiennent à des cabinets de coaching ou de consulting. Tous deux sont des coachs professionnels. Ils sont donc bien différents des managers-coachs qui eux voient le coaching comme une corde supplémentaire à leur arc...

Si les coachs internes sont des coachs salariés de l'entreprise, des « sédentaires » qui la perçoivent de l'intérieur, les coachs externes sont, quant à eux, des « nomades » qui débarquent dans l'entreprise à la faveur d'une mission et qui connaissent la réalité de différentes entreprises et des différents secteurs d'activité. Ainsi, les externes ne sont pas « pollués » par la culture de l'entreprise qui souvent renferme en elle, de façon insidieuse, les racines génératrices des problèmes que l'on cherche à résoudre. D'autre part, leur mission de coach étant une résultante de reconversion relativement récente, tout dépend de leur « vie antérieure » (celle d'un recruteur, d'un outplaceur, d'un psychothérapeute ou d'un DRH) qui va « déteindre » sur leur vie de coach avec des « outils » plus ou moins « importés ».

L'avantage du coach interne, c'est de pouvoir mieux suivre les coachés à moyen terme et réaliser ainsi des parcours de développement plus cohérents, plus suivis, ce qui est important pour toute « organisation apprenante ». Il va concevoir l'ensemble des missions et différencier leurs formes, collectives ou individuelles, avec un « résultat » beaucoup plus efficient, d'autant plus que le coach interne connaît bien la culture de l'entreprise et trouve plus vite ses leviers de changement, pourvu qu'il soit outillé au minimum.

L'avantage du coach externe, c'est son non-appartenance, sa non-implication, sa neutralité qui :

— 1) réduit la menace (dans l'esprit du coaché) d'une éventuelle diffusion d'information à l'intérieur de l'organisation ;

— 2) et lui permet d'avoir plus de recul, donc de remarquer les rouages et enjeux que l'on voit moins bien de l'intérieur.

Il identifie ainsi plus facilement les croyances « limitantes » ambiantes, les décode et les utilise comme des leviers du changement en les recadrant. Sa présence seule est quelquefois un levier. Le méta-message (message annexe profond) est dans ce cas du type « vous êtes si important (pour l'organisation) qu'elle investit pour vous en un coach, dont la seule mission est de vous aider à vous améliorer encore ».

Lorsque le coach externe donne le feed-back au manager-prescripteur du progrès de sa mission, il est souvent sur le registre de « coaching au deuxième degré » par rapport à ce dernier, ce que le coach interne fait plus rarement. Par conséquent, le coach externe exerce une influence plus systémique sur l'organisation.

— *Stratégie : coachs internes et/ou externes ?*

Dans les grands groupes qui ont leurs coachs internes, ceux-ci sont rattachés soit au pôle de développement des compétences, soit à celui de la DRH, soit encore à une structure spécifique transversale regroupant des coachs internes. Dans ce cas, ils interviennent en accompagnement de projets ou de hauts potentiels, ou encore en missions ponctuelles à la demande de responsables. Dans d'autres organisations qui, elles, font appel aux coachs externes, ceux-ci, après plusieurs missions, deviennent des coachs « en titre », et paradoxalement, tendent à devenir des coachs internes... C'est leur efficacité qui fait que l'on évite de faire appel à des coachs nouveaux, et le coach « en titre » se « sclérose » alors doucement. Observez le phénomène chez les équipes sportives : leur renouvellement favorise l'essor de nouvelles stratégies et tactiques. La motivation et la réussite en dépendent...

Par leurs différences, pourtant, les périmètres des coachs internes et externes apparaissent comme complémentaires et il serait bien que l'on passe de la logique du « ou » à celle du « et ». La dynamique qui résulte de cette « union » permet d'assurer tous les types de coaching et procure de meilleurs résultats dans l'organisation, tant en transversal, en vertical, qu'en équipe ou en individuel. Cela ne diminue en rien la mission des coachs internes, mais bien au contraire permet de les faire coacher et d'organiser leur supervision, à laquelle chaque coach professionnel s'astreint pour des raisons de déontologie professionnelle et d'« hygiène » mentale. Nous suggérons donc de faire appel aux deux types de coaching, un peu à la façon dont les médecins du travail dans l'entreprise sont là pour les urgences et les suivis, puis orientent vers la consultation externe en cas de besoin.

– La vraie complémentarité

En fonction des objectifs, leur action complémentaire devrait intervenir soit de façon simultanée, soit de façon successive. Par exemple, le coach externe intervient dans le cadre d'un coaching individuel, puis dès que « le gros est fait », « laisse le volant » au coach interne, pour qu'il prolonge jusqu'à ce que l'objectif soit atteint. Ou c'est le coach interne qui commence l'intervention, « déblaie » le terrain, enquête, prépare un « état de lieu », et, si nécessaire, « passe le volant » au coach externe, quitte à le reprendre plus tard, comme il est décrit dans le scénario plus haut. Autre possibilité : le coach externe et le coach interne font une intervention **en concomitance**, tout en se tenant au courant au fur et à mesure que celle-ci avance. Ils planifient leurs contributions respectives conjointement et pilotent ensemble le processus de changement, ce qui permet d'optimiser la rapidité du processus. Dans ce cas, leurs outils doivent être complémentaires et se combiner facilement. L'encadrement du processus est alors rendu un peu plus complexe. D'habitude, un des coachs (le coach interne) se concentre davantage sur l'aspect opérationnel du coaching, tandis que l'autre coach (externe) aborde plus l'aspect transformationnel.

Ainsi, il semble qu'il faille passer de l'opposition coach interne – coach externe à la conjonction des deux, sachant que le coach interne dans certains cas est un manager-coach.

Les différents types de coaching

Les types de coaching sont au nombre de quatre :

1 - Le pré-coaching

Il englobe tout ce qui précède la démarche formelle du coaching, à savoir comment éveiller la demande et faire adhérer à la démarche de coaching.

2 - Le pro-coaching

C'est le coaching par le manager-coach de son équipe ou de son collaborateur.

3 - Le coaching pro

C'est le coaching par un ou des coachs professionnels.

4 - L'après-coaching

C'est le suivi sur le terrain et l'entretien de nouvelles aptitudes pour les renforcer et garantir la pérennité du changement.

Le pré-coaching

Il est souvent délicat de proposer un coaching à un collaborateur, si la culture interne de l'entreprise fait que cette proposition risque d'être reçue comme une critique indirecte, selon l'amalgame « si on me propose du coaching, c'est que je ne suis pas bon ». Il est évident que dans un tel environnement culturel, toute demande acceptée de coaching équivaut à une (auto-)critique. Combien de cadres répondent par un « non ! » énergique

© Éditions d'Organisation

lorsqu'on leur demande s'ils sont intéressés par le coaching, tout simplement parce qu'il leur semble inavouable de dire « oui ! » Et, puisque demander de l'aide devient quasiment suicidaire, on continue d'occulter ses difficultés ou d'en charger la responsabilité à l'Autre – à l'équipe « qui marche mal », à un subordonné « qui est nul », etc. Ainsi, l'erreur est toujours due à l'Autre (il y a trop de mauvais élèves)... En plus, rares sont ceux qui, après avoir fait la démarche de coaching et réussi leurs objectifs, en parlent à haute voix dans l'entreprise. Et pourtant, c'est cette catégorie qui répand le coaching dans l'entreprise, car ils le préconisent ensuite à leurs collaborateurs, et l'utilisent eux-mêmes dans leur pratique de managers. Le terrain de l'entreprise, le terrain culturel, c'est comme le terreau qui permet que les graines que l'on y sème germent. Il faut le préparer, si l'on veut obtenir des résultats positifs. Certains climats culturels sont plus propices que d'autres, mais si le jardinier est déterminé, il obtiendra sur une terre peu propice des résultats meilleurs qu'un jardinier paresseux sur un terrain favorable.

Pour favoriser la démarche de coaching et l'introduire dans l'entreprise, on peut envisager d'organiser des présentations ou des conférences pour informer sur la possibilité nouvelle, sur ce qui se fait dans d'autres organisations. Par la suite, une table ronde ou un atelier pour les managers peut infléchir les croyances limitantes à propos de la nouvelle « lubie » du patron, etc. La pratique de proposer le coaching pour les « meilleurs » cadres (ou juste avant la promotion d'un cadre pour le faire « grandir ») valorise la démarche et met l'accent sur le fait qu'elle est destinée aux « champions » plutôt qu'aux « perdants ». Ceci repositionne la démarche de coaching de façon radicale. L'idée d'organiser une formation pratique, sous forme d'atelier, pour faire acquérir les outils de coaching aux managers, pour enrichir et faciliter leur pratique managériale immédiate, a aussi un effet favorable sur l'essor possible de la démarche de coaching dans le contexte de l'organisation.

Tout ceci est vrai dans le cas où l'instigateur de la démarche de coaching est le patron. Si c'est le numéro deux, trois ou X du comité de direction, c'est son degré d'éloignement de la « cime » qui va rendre la démarche plus difficile et parfois l'obliger à la « travestir » (en formation par exemple). Il arrive que le DRH ou le DGA (Directeur Général Adjoint) demande une action de coaching en la libellant comme « formation individuelle » ou « d'équipe », car le mot « coaching » est encore imprononçable dans le contexte local (si l'on adopte cette façon de faire, on en amoindrit la portée et s'il est à peu près sûr qu'il est possible de réussir le coaching d'une personne, il est plus difficile de le faire pour une équipe, car il serait impossible de contenir les « résonances » de cette démarche dans l'organisation. Il est nécessaire alors de prévoir le passage du « crypté » au « clair », même si l'on doit donner un autre nom formel à la démarche de coaching, un nom « intermédiaire », comme par exemple, « l'équipe apprenante » etc.).

Les messages-clés qui doivent être véhiculés dans l'organisation pour **fertiliser** la démarche de coaching sont les suivants : « Il est possible de progresser », « le coaching sert à ça », « la Direction y croit », « elle se fait coacher elle-même », « quand un cadre formule une demande à se faire coacher, son patron la comprend comme une envie de progresser dans ses fonctions », « si la Direction investit dans le coaching qui coûte cher, c'est que les cadres ont de la valeur pour elle », etc. C'est dans le terreau de ces croyances aidantes que la démarche de coaching devient possible et naturelle.

Le pro-coaching

Le coaching par un manager-coach est un coaching du subordonné par son supérieur. En tant que tel, il va avoir ses limites naturelles au-delà desquelles les intérêts du manager exerçant le coaching peuvent entrer en conflit avec ceux du coaché subordonné.

Les limites d'action du manager-coach seront déterminées selon sa capacité à utiliser les informations reçues sous sa « casquette » de coach ou sous celle de manager ; comme il est difficile de porter les deux casquettes à la fois, il convient de créer une « super-casquette » déontologique et opérationnelle pour intégrer de façon harmonieuse les deux champs de compétences et leurs contraintes. Le subordonné, quant à lui, peut toujours craindre face au coach que ce dernier utilise ces techniques pour « manipuler » ses collaborateurs, obtenir des informations quasi confidentielles, et ensuite prendre des décisions dommageables pour les intéressés ; autrement dit, craindre qu'il utilise contre le coaché les informations obtenues dans le cadre du pro-coaching. Cela nous paraît peu probable, car ce dérapage éventuel provenant d'un manque d'éthique menacerait surtout le coach lui-même ; ce serait la fin de sa crédibilité. Toutefois, il convient de rassurer le subordonné en lui expliquant les limites de l'action et les repères éthiques de la démarche.

En termes de positionnement, il s'agit d'un manager formé aux techniques de coaching et qui les exerce dans sa pratique managériale pour anticiper les difficultés ou les conflits relationnels, décider de la composition des équipes en fonction d'objectifs et des « schémas directeurs personnels » de ses collaborateurs, qu'il est capable de décrypter pour maintenir un niveau de motivation adéquat, etc. Un manager-coach est donc un **manager-développeur du potentiel** de ses équipes, pour qui : « il n'y a pas d'équipes peu motivées mais des patrons qui ne savent pas motiver ».

Il est évident que le cadre de pro-coaching doit être différent de celui de management, et que cela doit être spécifié dès le départ. Si l'on mélange les deux, on dérape vers un peu plus de pouvoir pour le manager et une « contre-production » du coaching. L'éthique de la démarche nous paraît primordiale et c'est elle qui détermine le succès final.

Le pro-coaching apparaît ainsi comme une démarche aidante par rapport au management des équipes, des cadres et des hauts potentiels en particulier, facilitant le travail de **manager-gestionnaire** des hommes. S'il est bien exercé, dans le cadre éthique approprié, en respectant les valeurs de l'organisation et inscrit dans les objectifs du moment, le pro-coaching est un outil formidable de management, le plus efficace pour maintenir une équipe au plus haut de sa forme et de son « rendement ». Mais il a certes aussi ses limites techniques (de même que le travail d'un médecin généraliste, préparant le terrain pour orienter la personne vers un spécialiste plus « pointu »).

Le coaching pro

Le manager-coach peut faire appel à l'action d'un coach professionnel (qu'il s'agisse d'un coach interne ou externe) pour des raisons techniques, des raisons de contrainte de temps, de confidentialité ou de conflit d'intérêts (quand il ne peut aller au bout de sa démarche). Cela pourrait être aussi une stratégie d'intervention, commençant par la clarification des objectifs et de l'« État Présent » par le manager-coach, puis faisant appel au coach pro pour l'accompagnement opérationnel lors de la réalisation des objectifs... En effet, à la différence du manager-coach, le coach pro peut aller beaucoup plus loin car il n'a pas de superposition de rôles ni de conflit d'intérêts, et il est plus outillé et davantage « pointu ». Son action prolonge celle du manager-coach, restaure le contrat tripartite manager – coach – coaché (qui se trouve réduit dans le cas de manager-coach à deux parties). La tâche du coach pro dans l'entreprise est alors d'autant plus naturelle et facilitée qu'il intervient après le manager-coach et que tout le travail préalable de clarification est déjà amorcé : son intervention capitalise sur celle du manager-coach. Cette façon de procéder permet d'avancer plus vite et de travailler dans un climat de confiance en optimisant les délais, les ressources en temps, en énergie, les coûts.

Le coaching professionnel réussi favorise la prise de conscience (parmi les managers non encore initiés au coaching) que le savoir-faire d'un coach peut être enrichissant. De là peut naître un intérêt, une vocation nouvelle, puis une pratique nouvelle, celle de manager-coach.

L'après-coaching

Cette étape suit directement celle de coaching : elle consiste au suivi sur le terrain du coaché par le manager-coach (ou le mentor, ou le coach pro) pour renforcer l'intégration des nouveaux comportements acquis (empêcher que

© Éditions d'Organisation

« le naturel ne revienne au galop »), ou s'assurer que les progrès effectués (tels que la capacité à déléguer) fonctionnent dans toutes les situations pratiques.

Dans ce cas, soit le manager-coach est présent discrètement aux côtés du coaché, soit il recueille son « feed-back » sur la façon dont cela se passe sur le terrain.

D'habitude, trois ou quatre séances à quinze jours d'intervalle suffisent pour « corriger le tir » sur le terrain et assurer l'intégration définitive des acquis.

Les niveaux de coaching

À chaque niveau d'intervention en coaching ses ambitions propres

Il existe trois niveaux d'intervention en coaching, et il est important pour le manager-coach de savoir quel niveau il vise.

Nous distinguons les trois niveaux de coaching suivants :

1 - Le coaching-écoute

Son objectif, assez limité, est de prendre le coaché en charge au niveau émotionnel, lui permettre de se sentir mieux (c'est une sorte d'*executive* « baby-sitting »).

2 - Le coaching opérationnel

Son objectif consiste en la prévention et la résolution de problèmes (« *problem solving* »), le bon fonctionnement des équipes, etc.

3 - Le coaching transformationnel

Son objectif est d'aider l'organisation à assurer la meilleure gestion des dirigeants, hauts potentiels et responsables qui sont appelés à « grandir » (nominations, promotions).

– Le coaching-écoute

C'est la forme du coaching la plus répandue. Son objectif est de fournir une écoute empathique ; prendre la personne en charge au niveau émotionnel, lui permettre de se sentir mieux. La « magie » du coaching opère déjà à ce niveau, pourvu que le coach sache se mettre « en phase » avec le coaché, et utiliser son premier « outil », qui est sa propre personnalité. Le coaché se sent alors plus entouré, et le phénomène d'« échange d'énergie » aidant, trouve dans le cadre de coaching une position de mieux-être, ce qui peut l'aider à accéder à ses ressources et commencer à se repositionner face à ses problèmes, à prendre du recul (à défaut de les résoudre tout de suite).

Il est important de comprendre la valeur ajoutée de cet accompagnement et de ne pas s'étonner si quelquefois, un coaching qui paraît être totalement un *executive* « baby-sitting » peut donner des résultats tout à fait étonnants, à moyen terme.

Pourtant, un coaching de ce type peut aussi potentiellement provoquer un renforcement de la problématique du coaché, car le coach, s'il compatit trop dans son écoute, peut laisser sous-entendre, malgré lui, la difficulté à opérer un changement. Ainsi, si l'on veut par la suite résoudre le problème et changer de niveau de coaching, il faudra « mettre les bouchées doubles » pour atteindre l'objectif visé.

Dans certaines entreprises, il existe une culture interne qui inclut le consensus tacite que le changement est impossible. Le recours au coaching prend alors des couleurs « tendance » ; on le fait soit pour être définitivement « in », pour être de la partie (sans trop d'illusion quand au résultat et de façon résignée). Et effectivement, en agissant ainsi, on communique de façon sous-jacente, non-verbale, des messages-clés de première importance qui sont parfaitement reçus et assimilés comme de véritables instructions : « nous ne nous attendons pas à ce qu'il y ait un résultat ou un changement ».

Ce type de coaching ne produit la plupart du temps pas de résultats spectaculaires ; il permet parfois que la personne se mobilise, et généralement apporte une légère amélioration temporaire, qui s'estompe vite sous la pression quotidienne. Toutefois, il fournit une écoute, élément indispensable et premier levier de changement, rompt la solitude ou l'isolement, permet l'échange et fait fonctionner l'effet « miroir » où les paroles

© Éditions d'Organisation

du coaché, contenant ses doutes, ses croyances, ses valeurs se « reflètent » dans celles du coach. Cet échange, s'il est bien fait, permettra au coaché de se sentir moins seul face à ses problèmes ou difficultés et d'accéder à un état émotionnel plus positif pour continuer à réfléchir de façon plus constructive.

Premier niveau de coaching, le **coaching-écoute** est utile et plusieurs outils opérationnels du coaching des niveaux supérieurs intègrent ce type de coaching comme une première phase indispensable du protocole de changement. S'il se prolonge dans le temps, il peut devenir contre-productif. Car après plusieurs séances, on peut avoir l'impression que le coach « parasite » l'organisation et « enfonce » le coaché. La durée est en effet un critère critique pour ce type de coaching, qui nécessite trois ou quatre séances au maximum, au risque ensuite de « basculer » vers le renforcement des difficultés.

– *Le coaching opérationnel*

Ce type de coaching est pratiqué autant par le manager-coach que par les coachs professionnels. Son but est de prévenir et résoudre les problèmes, d'assurer le bon fonctionnement des équipes, etc. Pour cela, il faut identifier les objectifs, accéder aux ressources et ne pas confondre le symptôme et la cause des disfonctionnements.

C'est à ce niveau-là que le manager-coach opère (tout en y intégrant les éléments du premier niveau qu'est le coaching-écoute), empruntant les outils au coach professionnel pour les utiliser en amont dans le temps. Toute l'organisation en profite tant dans le sens vertical qu'horizontal.

Le coaching opérationnel est un « modus vivendi » de l'« organisation apprenante » et créative qui a développé ce « modus operandi » pour prévenir, traiter, suivre tout disfonctionnement relationnel ou opérationnel avec une réactivité optimale et en temps réel. Concrètement, cela veut dire que le manager-coach intervient préventivement ou opérationnellement dès que le besoin se fait sentir, et que l'ensemble des responsables de l'organisation se fait coacher en même temps qu'ils

45

jouent leurs rôles de manager-coach. Si le manager-coach « passe la main » à un coach professionnel, celui-ci prolonge la démarche et le processus de coaching et les mène jusqu'au bout. C'est positif parce qu'on « restitue » alors le résultat du coaching réussi au coaché (en termes d'appropriation) et on diminue sa dépendance *au* manager qui, ayant joué son rôle de coach, risque d'avoir trop de pouvoir, puisque le coaché lui « devra » aussi la résolution de son problème. Ainsi, on permet l'« *empowerment* » du coaché, qui se comportera du coup de façon plus autonome et responsable.

Insistons sur l'intérêt stratégique de ce coaching bi-phase qui crée le binôme manager-coach – coach professionnel. Cela permet de transférer le pouvoir vers le coaché et dédramatise le fait que le changement est dû au manager. Le manager-coach est alors moins « omnipotent » et l'intervention revêt un caractère plus banal, plus technique. Tout ceci facilite l'appropriation par le coaché du processus et du résultat de changement, ce qui est un objectif majeur. En effet, le résultat est plus endogène, il y a moins de « redevance » vis-à-vis du manager-coach : par la suite, cela joue donc positivement dans la relation entre le coaché et le manager dans le contexte de l'entreprise.

– *Le coaching transformationnel*

Le troisième niveau de coaching se pratique plus rarement, car soit on en ignore la possibilité, soit le scepticisme de bon ton ne permet pas d'espérer de tels résultats. Et, comme celui qui ne s'attend à rien n'est jamais déçu, on préfère, par prudence, ne pas se laisser leurrer par des illusions qui pourraient nous exposer à manifester un enthousiasme déplacé. Certes, les croyances collectives en matière de changement sont en partie dues à l'ineptie des diverses approches psychologiques, malencontreusement transposées dans le contexte de l'entreprise et qui ont renforcé les dirigeants européens dans l'idée que les hommes ne changent pas, que ce soit au niveau individuel ou collectif. Pourtant, l'organisation a besoin que ses dirigeants ou hauts potentiels puissent « grandir », se transformer et assumer plus de responsabilités ou accéder à un nouveau

46

poste, ce qui requiert, parfois, un changement d'identité profond. Ce processus, répondant à des règles peu connues, peut réussir de façon spontanée parce que la personne a su mobiliser les ressources nécessaires, ou devenir un échec (on dira alors : « cette nomination fut une erreur... » ou « ce n'est pas un haut potentiel »).

Or, si l'on a bien besoin d'accompagner un processus, c'est celui de la transformation individuelle, parce que c'est le plus complexe, celui qui renferme des enjeux énormes ainsi que des économies en termes de recrutement et de gestion des hommes. L'organisation, directement intéressée par le résultat, doit encadrer systématiquement ce processus et c'est au manager-coach de décider des modalités de cet encadrement et de choisir un coach approprié, capable de pratiquer ce type de coaching sans « descendre » au niveau inférieur de coaching opérationnel.

Le coaching transformationnel vise à transformer les personnes pour leur permettre de « monter d'un cran » au niveau de leur vision, feed-back, ressenti d'eux-mêmes, de leur propre identité qui se transforme en intégrant les valeurs et les croyances nouvelles pour que la personne, par exemple après sa nomination, puisse agir, avoir la crédibilité, les comportements, la légitimité interne d'un « général », et non pas revenir à ceux d'un « commandant », qu'elle a longtemps été. Le coaching transformationnel vise donc à aider l'organisation à assurer la meilleure gestion des dirigeants, hauts potentiels et responsables qui sont appelés à être promus, recrutés, etc. C'est la condition du succès de la politique de gestion de son état-major et de sa stratégie de leader sur le marché et un atout important dans la « guerre de talents » que se livrent les organisations concurrentes.

À chaque niveau de coaching un rôle approprié pour le manager-coach

— Un rôle de confident pour le coaching-écoute

Le manager-coach confident, par son écoute bienveillante, permet la décharge d'émotions et rompt la solitude du coaché confronté à des difficultés ou à des problèmes à résoudre. Cependant, bienveillante ne veut pas dire complaisante, et le coaché ne doit pas se renforcer dans l'idée suivante : « c'est toi qui as raison, tu as bien fait, etc. », qui, au lieu de résoudre le problème, l'empire.

— Un rôle de facilitateur-entraîneur pour le coaching opérationnel

Le manager-coach devient facilitateur, puisqu'il cherche à aider à résoudre les problèmes opérationnels, à apprendre au coaché à faire « autre chose » pour obtenir un changement. Il ne constitue donc plus un simple miroir pour le coaché et devient un entraîneur, cherchant à développer de nouveaux comportements qui reposent sur des « permissions » internes, un système cohérent de règles de comportement, et une « charpente » de croyances, critères, qui, consciemment ou inconsciemment, dirigent, commandent et orientent les comportements et attitudes.

— Un rôle de catalyseur-transformateur pour le coaching transformationnel

Le manager-coach devient catalyseur-transformateur, puisque, à la demande du coaché, il aide ce dernier à transformer son identité et à « grandir » (par exemple pour assumer plus de responsabilités, pour s'identifier à un visionnaire, ou pour décider d'orientations et de changements profonds au sein de l'organisation).

Rallions maintenant les trois niveaux de coaching (et les rôles respectifs du manager-coach) aux niveaux logiques de Bateson[1], ci-dessous représentés sous forme de pyramide :

---

1. Gregory Bateson, ethnologue et psychologue américain du XXe siècle, développa des investigations novatrices dans ce domaine.

© Éditions d'Organisation

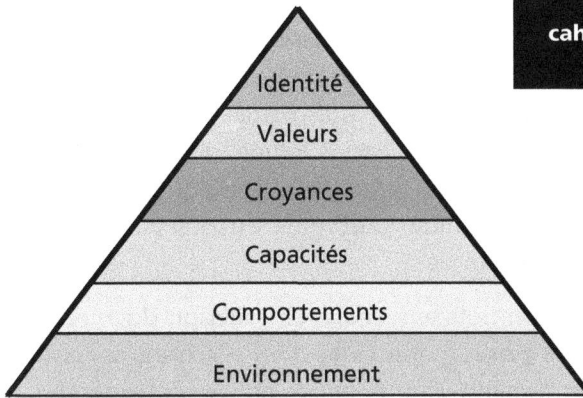

**Renvoi
cahier central
p. II**

Identité

Valeurs

Croyances

Capacités

Comportements

Environnement

La Pyramide des niveaux logiques de Bateson

COACHING : SAVOIR ET SAVOIR-FAIRE

– Le premier niveau d'intervention, le **coaching-écoute**, correspond au niveau logique de **l'Environnement**, en procurant au coaché un lieu de sécurité, de confiance pour décharger ses émotions négatives, son stress, et se ressourcer. Le changement a rarement lieu ici. Il s'agit plutôt d'une pause, d'un espace-temps « hors-jeu » bénéfique. En interrompant « le match », et en prenant le temps d'en parler à une tierce personne, le coaché a plus de chances de prendre du recul, de réévaluer la situation et d'amorcer un changement.

– Le second niveau d'intervention, le **coaching opérationnel**, correspond alors aux niveaux logiques des **Comportements** et **Capacités**, que l'on cherche à optimiser, développer, enrichir. Pour obtenir ce résultat, l'intervention elle-même devrait toucher aussi le niveau logique supérieur des **Croyances**. Cette incursion au niveau logique supérieur se termine là car on ne cherche pas ici un changement qualitatif important, mais ponctuel. Coaching opérationnel oblige, on se situe souvent dans l'urgence : on vise les résultats tangibles et immédiats, observables dans le comportement et les attitudes concrètes.

– Enfin le troisième niveau d'intervention, le **coaching transforma-tionnel**, correspond aux niveaux logiques des **Croyances, Valeurs**, et **Identité**, ainsi qu'à ceux qui dépassent l'identité et ne sont pas formellement codifiés. En opérant à ce niveau, on réalise une transformation de l'identité ; on obtient le déclic qui permet le processus de sa restructuration ou de son renforcement. Ce que nous fait dire « il (ou elle) grandit ». Comme le terme employé l'indique, la personne est perçue comme étant plus grande (calibre de dirigeants), ou ayant intégré des valeurs plus importantes.

Le niveau d'intervention sera choisi en fonction du type de coaching : il peut s'agir d'une prise de fonction, d'un coaching opérationnel (changement de comportement, acquisition de nouveaux comportements, compétences, aptitudes), d'un coaching d'équipe chargée de réaliser les projets importants dans l'entreprise, d'un coaching de crise survenue dans l'organisation (crise interne ou externe), d'un coaching lors d'un projet de fusion-acquisition, d'un coaching suite au changement de nom qui implique un changement identitaire, etc.

- II -
Les savoir-faire et savoir-être d'un manager-coach efficace

Délimiter clairement le « cadre » et la déontologie

Le manager-coach doit créer pour les actions de coaching un **cadre spécifique** (avec ses règles implicites et explicites), différent de celui du management. Il est important qu'il pose ce cadre pour ne pas tomber dans la confusion et ne pas amalgamer une séance de coaching avec les actes de management quotidien. Un cadre posé préalablement aide **le principe de séparativité**, empêche que la situation soit ressenti comme un abus de pouvoir de la part du manager, clarifie les choses et les rend possibles.

Ce cadre peut être virtuel : on le nomme, on l'évoque, on se met d'accord et ainsi on «pose le cadre » verbalement... Il peut aussi être matériel. Dans le cas où il diffère (on utilise une autre salle ou bureau que celui habituel du manager-coach), via le phénomène de conditionnement, il va se créer **un lien sémantique** entre le processus de coaching visant le changement et le cadre géographique, la salle en question. Ainsi, ce cadre devenu « lieu » va permettre une « mise en condition » plus rapide et faciliter le processus de coaching (et cela à partir de la troisième séance où le conditionnement se stabilise). Si le cadre de coaching et celui de management sont mélangés, cela peut créer **une confusion** car le subordonné ignore dans quel cadre et configuration de rôles, attentes et règles il se trouve. Cette confusion peut provoquer des résistances, ce qui serait contre-productif par rapport aux objectifs et du management et du coaching.

Dans le cas d'un coach professionnel, sa propre personne constitue déjà un conditionnement (ce « cadre ») et où qu'il exerce (chez lui dans son cadre géographique ou en se déplaçant chez son client), il « transporte » avec lui le « cadre » de coaching (puisqu'il se crée automatiquement pour le coaché un lien sémantique entre la personne du coach professionnel et le coaching). Dans le cas d'un manager-coach, il faudra ajouter à son conditionnement de « patron » déjà existant (et qu'il transporte partout avec lui), une « couche » supplémentaire de « coach ». Quelle que soit la stratégie personnelle d'un manager-coach pour gérer les deux rôles et les deux

© Éditions d'Organisation

« cadres » respectifs, il lui faudra chaque fois penser à « planter le drapeau » soit du coaching, soit du management, soit des deux, et marquer ainsi le **territoire** pour signifier clairement le cadre dans lequel il va opérer.

De même, si c'est le coaché qui s'adresse au manager-coach, il conviendra de l'écouter et de « planter le drapeau » aussitôt.

Poser le cadre de façon clairement reconnaissable tient de la responsabilité du manager-coach. Cela signifie qu'il est indispensable d'ancrer intentionnellement le cadre de coaching sous peine qu'un cadre spontané, « sauvage » se mette en place. Selon le registre choisi (visuel, auditif ou sensitif), l'ancrage intentionnel (de préférence combinant au moins les deux (visuel et sensitif)$_2$, peut être de type « zoom », c'est-à-dire très rapide, en posant sur la table un objet métaphorique comme, par exemple, la réplique d'un diamant (ma métaphore du coaching, cf. introduction) ou la statuette d'un « coach » africain (visuel, sensitif) tout en disant : « nous commençons, voici le coach qui entre en scène » (auditif). À la fin de la séance, le coach range l'objet en disant « c'est fini pour aujourd'hui ». **Le rituel** d'ouvrir et de fermer la séance permet ainsi une meilleure assimilation de son contenu, qui est alors rattaché à un cadre précis, celui de coaching, clairement nommé et identifié. Cela prévient la confusion, le flottement, les résistances et facilite l'appropriation des résultats, car on crée au niveau profond la **permission** de participer à quelque chose qui est nommé, reconnaissable et qui existe en tant que démarche collective dans l'entreprise.

Ce lieu, ce cadre de coaching est avant tout un **lieu de ressource**, un **lieu de confiance**, un lieu ou le coaché peut exposer ses difficultés **en toute sécurité**, sans crainte d'être jugé(e) et sans risquer des « débordements » vers le cadre de management.

Enfin, le fait de clairement énoncer le cadre permet de passer le « **contrat** » de coaching, c'est-à-dire de spécifier ce que l'on va faire dans ce cadre de lieu et de temps, et aboutir à un « engagement » mutuel. Ce

© Éditions d'Organisation

contrat sert au manager-coach et au coaché à s'engager mutuellement dans la « marche » vers l'objectif de changement.

Récapitulatif : il est donc primordial pour le manager-coach de :

1 - Demander la permission au coaché de mettre la « casquette » du coach ;

2 - Séparer et respecter les territoires (cadre géographique) ;

3 - Poser le cadre éthique approprié. Lors du premier entretien, ce cadre comprend la déontologie qui peut être rappelée lors des séances suivantes.

Ne pas afficher trop de motivation

Concernant la motivation du manager-coach et du coaché, il est évident qu'elle doit être présente des deux côtés. Mais il faut veiller à un équilibre pour maintenir la motivation du coaché toujours en hausse (on prendra soin de ne pas le démotiver par une trop grande motivation apparente du manager-coach). Cela veut dire le maintenir dans l'état de « demandeur » pour capitaliser par la suite sur tous les aspects positifs de cet état : appropriation du résultat (la victoire appartiendra vraiment au coaché, il peut se l'approprier totalement sans rien « devoir » au coach), non-dépendance du manager-coach, « fertilisation croisée » dans l'organisation. Cela est valable pour le premier entretien, mais aussi tout au long du processus de coaching.

Le manager-coach doit aussi tenter d'obtenir une grande cohérence entre la motivation affichée et la motivation profonde du coaché. Le coach professionnel vérifie toujours le niveau de motivation au niveau de surface et au niveau profond, et au besoin l'utilise pour retourner la situation et « rendre » la motivation au coaché. Ainsi, quand un coach professionnel reçoit quelqu'un qui lui dit « avoir tout essayé », que « rien ne marche » et qu'il « a déjà vu d'autres coachs sans que ça donne quelque chose », les « voyants rouges » doivent s'allumer aussitôt dans son esprit et l'inciter à cerner la réelle motivation profonde du client. En effet, dans ce cas précis, il se peut que le client (sans le savoir lui-même) cherche avant tout à (se)

© Éditions d'Organisation

prouver que son problème est insoluble, que personne ne peut rien pour lui, et que donc son positionnement de victime est juste, au vu de sa gravité. Il développera donc une résistance forte à toute tentative de résolution, car il est là précisément pour ne pas résoudre ce que le coach décode aussitôt au niveau sémantique profond. Un coach débutant ou trop motivé, c'est-à-dire trop projeté dans son désir d'aider, dans sa mission de facilitateur, serait tenté de dire « mais vous verrez, ensemble on arrivera à résoudre ce que vous n'avez pas pu faire avant (avec les autres) ». Au niveau profond, cela signifie : « je suis plus fort que les autres coachs ». Et là, on entre dans la boucle systémique du coach trop motivé et du client qui se démotive d'autant plus que le coach « prend sur lui ». Puis, quand il sera évident que cela ne marche pas, le client dira : « j'en étais sûr », « je le savais », etc., et son objectif profond de montrer que cela ne peut être résolu sera atteint. (Attention ! La bonne foi du « client » ne peut être mise en cause puisque cet objectif profond n'est pas nécessairement conscient).

Par contre, un coach averti ne se lance pas de façon « sauvage » dans le piège tendu de la boucle systémique et commence par renverser la vapeur de façon la plus inattendue pour le client : il écoute, renchérit sur la gravité du problème et met en doute sa propre capacité à le résoudre, en disant par exemple : « mais untel que vous avez vu est très compétent, et il n'a pas pu vous aider… Pourquoi pensez-vous que moi je pourrais le faire ? Je ne suis pas sûr(e) de pouvoir, cela me semble bien trop difficile, etc. ». Puis de continuer : « avez-vous déjà envisagé de vivre avec ce problème non résolu ? », « et alors, comment pourriez-vous faire ? ». Le client, à ce moment, réagira : « mais qu'est-ce que vous me racontez là ? ! Il n'est pas question que j'accepte la situation présente ! », ce qui signifie clairement que le coach est en train de redonner au client sa motivation. Il lui arrive même d'aller plus loin en disant : « je ne vois vraiment pas ce que je pourrais faire… ». Si le client insiste, il dira simplement : « je suis sûr que cela ne marchera pas, mais comme vous insistez, etc. » Dans ce cas « magique », si cela marche (ce qui est généralement le cas), le coach « perd », le client « gagne » et le coaching y gagne aussi parce que la croyance selon laquelle le problème est difficile et insoluble est renversée,

© Éditions d'Organisation

56

ce qui est primordial. Si cela ne marche pas, ce qui est rare, le coach « gagne » en apparence (c'est lui qui a eu raison, qui « sait ») et peut paradoxalement aller plus loin en s'appuyant sur cet échec programmé.

Revenons sur le cas de figure où le manager-coach tient tant à régler le problème de celui qu'il coache, qu'il s'aperçoit que sa motivation est plus grande (dans ce cas, il y a « débordement » de son territoire de manager-coach). Or, si ce dernier est motivé pour coacher et réussir le coaching, il ne s'approprie pas le but et la motivation de son client, mais au contraire développe et cultive ceux-ci comme les leviers de changement. Voici un exemple de manager-coach « débordant » :

M. Dupont, DRH d'un groupe agroalimentaire, invite son responsable de service à faire « une petite démarche » avec lui. Celui-ci accepte mais « traîne un peu les pieds ». M. Dupont s'impatiente, insiste. Le « client », par un effet systémique, devient de plus en plus réticent et, pour se justifier, se réfugie sous une grande charge de travail. M. Dupont atteint un niveau de frustration anormale, qu'il exprime verbalement.

Il est évident ici que l'envie de coacher est sous-tendue soit par une similarité de problématique, soit par un parallélisme de relation qui pourrait être révélateur de quelque chose qui est resté non résolu chez le manager-coach. Sa soif de reconnaissance sous-tend un « chantier » personnel non terminé ou en cours.

D'où la conclusion que le processus de coaching, par un effet « boomerang », réveille chez le manager-coach un « chantier » qui entre en résonance avec le travail du coaché. Par conséquent, l'interaction des deux acteurs commandera le processus ; les rôles de « coach » et « coaché » deviendront facilement interchangeables : dans ce cas, il faudra arrêter le coaching.

Conjuguer non-jugement, confiance et authenticité

Il est important d'évoquer certains aspects subtiles qui participent à la « magie » du coaching, et notamment l'ambiance et le climat dans lequel évolue le processus, qui l'entourent et lui donnent son sens.

La base de la relation entre le manager-coach et le coaché, et qui permet que l'action de coaching produise des résultats, est l'attitude de **non-juge-ment** de la part du manager-coach ; il reçoit les informations et doit accepter la « lecture » des événements (la version du coaché) sans juger, ni en apparence, ni surtout dans son for intérieur. En effet, lorsque la personne présente ses difficultés, « ce qui ne marche pas », elle peut avoir l'impression qu'elle se met en position de faiblesse par rapport à l'Autre (et si cet Autre est le coach professionnel, alors la situation est un peu plus confortable que s'il s'agit d'un manager-coach) ; de toute façon, elle s'expose au jugement de l'Autre, et risque donc d'être jugée comme « nulle », non efficace, etc.

La confiance ne peut naître que s'il y a acceptation de la version du coaché sans jugement, sans tout de suite superposer sa propre « lecture » de coach (lorsqu'on parle de « jugement », on veut bien sûr dire « jugement de valeur » et on sous-entend « négatif »). Cette « mauvaise » pensée du coach transparaît, même s'il essaie en apparence de rassurer le coaché. Ce dernier la perçoit, sa confiance en lui s'appauvrit ainsi que la relation qui, de ce fait, perd toute **authenticité** (autre ingrédient incon-tournable à la relation spéciale entre coach et coaché).

Développer la « congruence »

La congruence, c'est la concordance de trois messages (verbal, non-verbal et para-verbal) allant dans le même sens : la personne dit et fait ce qu'elle pense /ressent vraiment. Les Anglo-Saxons disent alors que la personne est alignée sur l'axe des trois H : *Head* (croire, penser), *Heart* (ressentir émotionnellement), et *Hands* (agir par des comportements) (cf. part. II, chap. 1).

La congruence est toujours perçue globalement, rarement identifiée ou nommée comme telle, mais plutôt comme « sincérité » ou « authen-ticité », et c'est **l'intuition**, c'est-à-dire notre inconscient, qui donne « l'alarme » si la congruence est ressentie comme étant défaillante ou

COACHING : SAVOIR ET SAVOIR-FAIRE

incomplète. Cela signifie que le décodage de la congruence se fait automatiquement, que le signal est fourni en cas de problème (sous forme de sentiment de gêne, inquiétude, etc.). La personne qui a reçu le « signal » a alors le choix entre l'écouter et le prendre en compte ou ne pas l'écouter et agir en conséquence.

L'avantage de la congruence, ou plutôt son bénéfice secondaire, c'est qu'elle permet l'adhésion immédiate des interlocuteurs. En effet, une fois décodée intuitivement, elle constitue une sorte de « portail » critique. Si la personne « passe le portail », alors le mécanisme d'adhésion se met en marche. **Plus grande est la congruence et plus puissant sera le mécanisme d'adhésion**. La transparence des valeurs profondes, si celles-ci sont partagées et font « vibrer » les autres, constitue un facteur supplémentaire facilitateur de l'adhésion (de tous temps, les valeurs de leaders charismatiques, tels M. L. King clamant « *I have a dream* » ont fait « vibrer » les masses).

Lors de la première approche du pré-coaching, le manager-coach évalue aussitôt le degré de congruence du coaché quand à son désir de résoudre le problème ou d'atteindre l'objectif évoqué. Ceci est capital, comme nous l'avons vu plus haut, pour ensuite faire le décodage de l'objectif profond du « client » et de son niveau de motivation. Dans le contexte de coaching, la congruence du manager-coach va être automatiquement jaugée par le coaché, et cela dès la première rencontre : « est-il « bien » dans son rôle de coach ? Est-il « bien » par rapport au problème ou l'objectif évoqué ? Y croit-il vraiment ? » Dans ce cas, la congruence du manager semble être nécessaire avant d'aborder celle du manager-coach. Derrière la congruence, par rapport au rôle se profile toujours la **légitimité**. Si le manager est légitime dans l'organisation par rapport à son poste, le manager-coach se rend légitime par le ressenti de sa propre légitimité, puis par l'exercice congruent de son rôle de manager-coach.

Finalement, **la congruence est l'absence de méta-communication contradictoire et « polluante »** du type : « je doute dans mon for intérieur de ma capacité ou légitimité de coach ». Elle est donc l'absence de pensées négatives (« et si mon subordonné trouvait que c'est prétentieux (aberrant) de ma part de vouloir l'aider dans cela ? », ou « il va me prendre pour un gourou », ou encore « il ne va pas vouloir se faire aider, etc. »). Ces pensées de doute, non contrôlées, risquent de « polluer » la congruence du manager-coach, car un « pli » de son être va les restituer à son « client ». Celui-ci, les décodant intuitivement comme de la non-congruence, va leur attribuer un sens précis (en leur apposant une étiquette : « pas sincère », « pas clair », etc.) qui aboutira, par exemple, à la réflexion : « il va m'expédier en deux minutes » ou « il joue au psy », etc.

Ainsi, la congruence doit se travailler préventivement en termes de vigilance et « *awareness* », et particulièrement sur l'aspect des pensées négatives ou doutes qui peuvent être ressentis par les autres... Le manager-coach devra être particulièrement attentif, prendre en considération le fait que tout son être communique à son insu et qu'il lui faut donc contrôler les éléments qui risquent d'affaiblir son rayonnement de manager-coach.

La congruence est une force incroyable et un outil en soi, car elle devient un méta-message : « je suis bien par rapport à mon rôle de manager-coach, par rapport à l'objectif que vous avez, nous allons réussir ensemble ». Si le coaché reçoit ce méta-message subtil, qui valide le message verbal du manager-coach « veux-tu que l'on en parle ? », il y croira car il lui semblera « vrai » (congruent). C'est de là que vient l'effet Pygmalion positif...

Promouvoir l'effet « pygmalion » positif

L'effet Pygmalion[1] consiste en une interaction systémique entre les partenaires hiérarchisés dans un cadre de l'organisation ou institution (manager face à une équipe, entraîneur face aux sportifs, professeur face aux élèves). Le manager (tout comme l'entraîneur ou le professeur) exerce un pouvoir sur son équipe et évalue ses performances. Dans ce contexte, si le manager

---

1. Harvard Business Review, *Le management des hommes*, Éditions d'Organisation, 2000, pp. 51-79.

© Éditions d'Organisation

croit que l'équipe est bonne, qu'elle obtiendra des résultats excellents, alors cette dernière se comportera inconsciemment de façon à produire ces résultats, élaborera des stratégies pour être bonne, en conformité avec les attentes et croyances du manager. On obtiendra ici un effet Pygmalion positif. L'effet Pygmalion est en réalité beaucoup plus profond et complexe que ce que vient d'être décrit : en effet, il subsiste une partie invisible de l'iceberg constituée des croyances identitaires du manager (sur lui-même en tant que bon manager et sur sa capacité à produire chez ses subordonnés les comportements d'excellence). Il est donc intéressant pour un manager-coach conscient de cet effet d'analyser ses propres croyances concernant le potentiel de l'équipe, les capacités de celle-ci à atteindre les objectifs visés, ainsi que ses propres craintes, voire peurs, de rencontrer tel ou tel comportement inadéquat ou d'échouer. Car existe aussi un effet Pygmalion négatif : nous transmettons de manière subtile nos craintes à l'autre qui se conforme inconsciemment à reproduire alors ce que nous voulons consciemment éviter à tout prix (un manager-coach trop contrôlant par exemple va conduire à une déresponsabilisation chez son équipe). Cette variante de l'effet Pygmalion négatif s'appelle « la prophétie auto-réalisante ».

L'effet Pygmalion amplifie les attentes conscientes et surtout inconscientes et les élève dans un domaine d'ordre hypnotique que le(s) subordonné(s) reçoi(ven)t cinq sur cinq au niveau inconscient surtout, et auxquelles il(s) se conforme(nt) de manière « automatique ». Cette dynamique de l'interaction paraît presque terrifiante, car elle augmente la responsabilité du manager-coach, instaure une boucle qui va encore plus loin vers « la roue qui tourne », et renforce le conditionnement initial dont nous sommes responsables (mais rarement pleinement conscients), à savoir l'idée que : plus mes élèves ou subordonnés réussissent, plus ils me renforcent dans la croyance identitaire profonde que je suis un bon manager et que c'est normal qu'ils obtiennent de bons résultats, et plus ils me renforcent, plus je leur communique à mon tour cette croyance et plus ils réussissent, etc. Ce cercle vertueux (ou infernal dans le cas de la croyance négative) part de **l'estime de soi** du manager-coach.

Il est facile de comprendre, après avoir exposé l'effet Pygmalion dans les deux sens, positif et négatif, que la personnalité du coach, avec son degré de congruence, son charisme, joue et influence de façon considérable le processus de coaching et ainsi constitue en soi un outil, le premier outil du coach, autant pour le manager que pour le manager-coach (c'est précisément pour cela que quelquefois le coaching de type « écoute » donne des résultats intéressants et inattendus).

Toujours croire en l'autre

Après l'alignement du manager-coach sur l'axe vertical des trois « H », qui lui confère cette congruence indispensable pour le coaching, vient l'alignement horizontal de son juste positionnement, dont le premier est d'être le supporteur enthousiaste du coaché, de croire en ses capacités d'y arriver. En effet, la qualité de coach la plus importante pour développer une attitude adéquate de « supporteur », c'est **l'enthousiasme**. Le coach doit « se brancher » optimiste, avec des « bulles de champagne dans le sang ». Cela nécessite en pratique **une mobilisation personnelle** du coach pour avoir beaucoup d'énergie, un tonus supérieur à la normale, une excitation de perception, avec les sens en éveil et l'état interne stabilisé sur les choses positives. La communication devient quasi hypnotique ; le méta-message essentiel qui passe avant tout est : « tu peux le faire, t'es génial, vas-y ! ».

Cet état est avant tout émotionnel et c'est pour cela qu'il est « contagieux » pour le coaché. En d'autres mots, le coach est une personne passionnée par le coaching, le coaché, la vie, la « magie » du changement. Lorsque cette attitude est naturelle, authentique, même si elle est cultivée consciemment, cela crée une ambiance et un climat propices au changement. Par contre, toute chose feinte, composée provoque un rejet immédiat car elle est identifiée comme non-congruente. Le faux enthousiasme, comme beaucoup d'autres choses fausses, ne marche pas. Et encore moins

© Éditions d'Organisation

entre le coach et le coaché. La présence du coach étant un conditionnement (lien sémantique), son entrée en scène agit instantanément sur le coaché.

« Croire en » comporte une règle importante de congruence : celle de ne jamais tester, de faire confiance et présupposer que le coaché sait. J'ai appris cette règle grâce au docteur Doman, le père de l'enseignement précoce aux USA et qui s'occupe, dans son *Institute for the Development of Human Potential*, des enfants handicapés mentaux. En les stimulant physiquement et intellectuellement, il obtient d'eux des performances physiques et intellectuelles que l'on trouve rarement chez des enfants « normaux » et fréquentant les meilleures écoles. Une des règles de Doman est celle-ci : ne testez jamais, faites confiance et présupposez que l'enfant sait (la présupposition est une croyance qui fonde tout le reste ; les actions, la démarche, les croyances périphériques, etc.). Si je transpose cette expérience dans le contexte du coaching, je dirais que le coaché a besoin du support inconditionnel du manager-coach : il a besoin qu'il « croit en lui ». Le coach est alors un supporteur du coaché, un allié et un co-équipier inconditionnel. Cela ne veut pas dire irréaliste, car l'évaluation du potentiel du coaché fait partie des compétences du manager-coach, et se situe en amont du processus de coaching, c'est-à-dire tout au début, quand les objectifs réalistes et réalisables sont fixés. L'évaluation finie, le processus de coaching est un processus actif qui nécessite cette attitude spécifique d'enthousiasme qui facilite la réalisation.

Utiliser des métaphores porteuses de sens

Les croyances aidantes et les valeurs du coach constituent « l'actif » du « manager-coach S.A. ». Le « capital » du manager-coach est fait de ses outils, techniques, procédures, méthodologie dans un sens large, et de sa personnalité qui est son outil premier.

Les croyances et les valeurs se reflètent dans la métaphore personnelle que le manager-coach crée pour résumer sa mission de façon « poétique ». Exprimée ainsi, elle permet de mobiliser sa propre énergie et celle des autres. Il dira par exemple « je suis le catalyseur », ou « l'huile du moteur », ou « le commandant d'un bataillon », « le capitaine du bateau » ou encore « l'entraîneur de l'équipe », etc. Quelle que soit la provenance de la métaphore (militaire, sportive ou autre), son pouvoir majeur est de donner un sens nouveau, de mobiliser le manager-coach vers une action de coaching authentique, de porter le processus de coaching. Ainsi, la métaphore personnelle devient un outil de coaching. Mais pour cela, elle ne doit pas être négative, à savoir par exemple : « je suis une locomotive qui tire les wagons... et ils sont nombreux, les wagons ».

Voici quelques exemples de métaphores personnelles empruntées à de véritables entraîneurs d'équipe : « je suis jardinier, je cultive les jardins », « je fais des travaux d'embellissement dans de belles demeures », « je suis le relais d'autres petits relais », « je suis le fondeur des métaux précieux dont l'alliage résiste à tout », etc.

Le sens supplémentaire transmis par la métaphore permet d'aller au-delà de la simple image ou figure de discours, permet de contourner la partie rationnelle (qui contient des freins et des résistances) pour « impacter », atteindre les personnes dans leur partie émotionnelle. Ainsi, on obtient un alliage de rationnel et d'émotionnel – non-rationnel très fort. Ce double alliage garantit la qualité de la métaphore identitaire.

La métaphore peut être aussi non-verbale : objet (par exemple une pierre brute prête à être taillée posée sur la table en début de séance...), etc. Le sens est alors présent de façon plus globale, il est plus interprétable et donc plus facile d'appropriation pour le manager-coach et les destinataires.

Transformer les bloquages et résistances

Ce qui se présente comme « **blocages** » permet en vérité d'approfondir un point *sine qua non* qui doit impérativement être traité (peur, zone d'ombre), et participe ainsi à la réalisation des objectifs validés.

L'attitude la plus fructueuse pour le manager-coach sera de respecter le « blocage », de le « recadrer » et d'expliquer au coaché qu'il a une fonction de protection. Le blocage pourrait alors mieux se débloquer. Par contre, si le manager-coach considère le blocage de façon hostile, comme une adversité, alors ce dernier risque de grandir et bloquer le processus de façon importante. La différence entre le blocage et la résistance, c'est le degré de participation du « conscient » du coaché. Le blocage est inconscient, tandis que la résistance est plus consciente (la personne ne croit pas en son potentiel, doute, sabote, résiste au processus de changement).

Les résistances sont souvent vues comme un obstacle, voire une entrave au processus de changement. Traditionnellement, tout le monde se préoccupe de les éviter (on parle de « vaincre les résistances », « traiter les résistances », « prévenir les résistances », etc.). Or, elles sont une réaction normale au changement, et constituent même une première phase incontournable par laquelle tout changement débute (la pire des choses qu'il puisse arriver lors du processus de changement, c'est qu'il n'y ait aucune réaction émotionnelle, que rien ne se passe : on aboutit alors à un échec du processus). C'est pourquoi elles doivent êtres utilisées comme un véritable levier de changement.

Gérer l'effet « Boomerang »

Le manager-coach doit savoir que le processus de coaching a un effet inattendu : un effet de « résonance » sur le coach que nous appelons l'effet « boomerang » du coaching ; si le coach, certes, coache le coaché, il se trouve aussi, à l'inverse, « coaché » par son client.

Les structures du coach, son propre « chantier », entrent en résonance de façon variable avec le travail, la personnalité et les réactions du coaché. Ce qui fait de cet effet un levier important du processus de coaching, parce que la résultante du boomerang peut être utilisée pour passer au niveau supérieur du coaching en cours et mieux aider le coaché. De plus, l'interaction avec le coaché lui apporte, comme dans l'enseignement, une sorte d'apprentissage : « *on apprend pour enseigner, on enseigne pour apprendre* », et nous dirons « on coache pour aider à grandir, et on grandit soi-même en le faisant pour encore mieux faire grandir ». Le coach grandira d'autant plus qu'il sera conscient de cet effet-là...

Cet effet est donc positif, gratifiant et est en quelque sorte « un plus » du coaching qui n'est pas un processus en sens unique. Mais c'est aussi pour cela que le manager-coach doit avoir sa propre « structure » solide, car elle « vibre » fortement au moment où elle entre en « résonance » avec celle du coaché tout au long du processus de coaching. Cette « résonance » est due au **mécanisme de projection** qui est un phénomène inconscient : nous nous « projetons » à la place de l'autre comme si elle était la nôtre. Dans ce cas, la personne qui se « projette » emprunte les sentiments, émotions (et si la situation est négative, les contentieux émotionnels) de l'autre. Elle vit alors de façon interposée et peut réactiver une situation professionnelle ou personnelle qui fut similaire dans le passé, et qui n'était pas totalement résolue. On parle dans ce cas de régression (inconsciente).

Ce phénomène est parfaitement naturel et, grâce à la médiatisation de tout ce qui est « psy grand public », commence à être connu.

Si le manager-coach en est conscient, il peut être plus efficace dans sa relation à l'autre.

Ne pas se « projeter » dans la situation du coaché

Le manager-coach devrait apprendre à installer une sorte de filtre « anti-projection » pour pouvoir travailler sereinement et être mentalement « zen » lors de l'exercice de ses « mandats » de manager et de manager-coach.

Ce filtre devrait permettre de traiter avec l'autre en état optimum et de conserver du recul face aux risques de projection.

© Éditions d'Organisation

Lors d'une implication émotionnelle plus importante que d'habitude, on peut se poser la question « qu'est-ce qui m'arrive ? », reconnaître la trame profonde et s'en extraire. Cela assainit la situation, la relation, et permet le contrôle de sa « perméabilité ». Quand on dit au manager-coach qu'il lui faut être « solide », c'est de cette capacité-là dont il s'agit.

Le manager pourrait emprunter avec beaucoup de profit pour lui l'hygiène mentale indispensable au coach pro. Tout comme on se lave les mains, il faut établir des procédures de « nettoyage » pour éviter de polluer son intérieur par des émotions négatives.

Le filtre consiste pour le manager-coach à être à tout moment capable de distinguer sa réalité intérieure de celle du processus de coaching (où le coaché évoque sa réalité à lui).

Il doit donc se poser la question du « comment est-ce que cela m'atteint ? » et jauger en permanence. Si la réponse à cette question est : « cela m'atteint trop », alors le manager-coach se dira, tout comme dans une histoire : « réveille-toi, ce n'est qu'un mauvais rêve ». En effet, dans cette histoire, si vous avez un cauchemar dans lequel vous êtes poursuivi(e) par un monstre, pour vous en sortir il y a trois niveaux de solutions :

– Le premier niveau consiste à essayer de se cacher, fuir ou attaquer (mais le monstre est plus fort que vous).

– Le second niveau permet un peu plus de créativité : vous imaginez que vous volez dans les airs pour échapper au monstre ou que vous vous procurez une arme spéciale. L'ennui, c'est que le monstre peut en faire autant, voire plus. Cette solution ne fait alors que prolonger le cauchemar, tout en vous donnant l'illusion de résoudre le problème.

– Quant au troisième niveau, il constitue la seule solution valable, celle de se dire : « c'est un mauvais rêve, réveille-toi ! ». Alors : plus de monstre !

Afin d'atteindre ce troisième niveau de solution, il faut avoir suffisamment de capacité de recul pour s'apercevoir que la réalité dans laquelle on se trouve n'est qu'un mauvais rêve, et non LA RÉALITÉ. Ce qui suppose que

© Éditions d'Organisation

la personne est capable de faire des va-et-vient entre sa propre position de perception de la réalité et celle d'un observateur externe neutre, non impliqué : la fameuse position « méta ».

C'est pour cela que lorsqu'on jaugera sa propre implication émotionnelle plus importante que d'habitude, on essaiera de comprendre si on ne tente pas de régler là (par l'intermédiaire de la problématique du coaché) quelque chose que l'on a « loupé » dans une autre situation, au cours de notre histoire passée ou parallèle à celle du coaché.

L'« hygiène mentale » du coach ou du manager-coach consiste à tout moment à être vigilant sur ses propres résonances, réactions, projections. Il faut en permanence tenir compte de ses émotions qui sont des indicateurs et maintenir le cap du coaching en cultivant la motivation du coaché sans s'y projeter. Par exemple, si le coaché décide qu'il ne veut pas y arriver, le coach doit respecter et accepter cette décision, car la décision appartient au client. Cela signifie que la dynamique de la relation est saine puisque le coach ne provoque pas chez le client, par sa propre « rage » d'y arriver, la réaction contraire, contre-productive au coaching.

Le manager-coach doit toujours veiller à ce que sa façon d'avancer ne fasse pas reculer l'autre. Par exemple, en tant que manager-coach, si vous êtes très disponible pour le coaching, et que vous proposez plusieurs dates, créneaux horaires, votre « client » peut par contre sembler avoir beaucoup de difficultés à se libérer (il est débordé, etc.). Mais il y a des chances que si vous devenez moins disponible, lui se libérera plus facilement. Dans la vie, nous constatons souvent cet effet *a posteriori*, sans nécessairement nous en attribuer une responsabilité.

Déjouer toute manipulation consciente ou inconsciente (de la part du coaché)

Après avoir développé l'aspect général du « pas de deux » (à savoir l'interaction entre le coach et le coaché), il convient d'examiner maintenant

© Éditions d'Organisation

l'aspect de l'influence du coaché sur le manager-coach. Si ce dernier est conscient de cet aspect de l'interaction, il ne risque alors pas de se faire entraîner vers un autre objectif comme, par exemple, l'enjeu de la relation entre le coach et le coaché. La recherche de la reconnaissance, si le coach ne l'a pas clarifiée avant, peut être un enjeu que le coaché décode inconsciemment et qu'il va utiliser pour « manipuler » le coach. Il peut le faire de deux façons : le frustrer par la non-reconnaissance ou le flatter par la reconnaissance. Le coaché peut être parfaitement innocent au niveau conscient, ignorer ces mécanismes subtiles et néanmoins les activer... Comment cela est-il possible ? Où est la clé de ce mécanisme ? C'est évident : la clé est la personnalité même du coach et la nature de son « terrain ». Si celui-ci a été « travaillé » et « nettoyé » préalablement, aucune « herbe folle » ne peut y pousser, d'autant plus que le jardinier y fait régulièrement des tours et, vigilant, arrache les mauvaises herbes quand elles sont encore naissantes, ne leur permettant pas d'envahir le « terrain ».

Le terrain bien « clean » du coach est donc le gage de la relation saine, où les projections, qui constituent le mécanisme normal, sont « gérées » par celui-ci en temps réel et en toute conscience. La manipulation (consciente ou inconsciente) du coaché sera donc décodée et recadrée, c'est-à-dire utilisée même en tant que processus pour réorienter vers l'objectif et le but du coaché, augmenter sa motivation, et le rendre plus actif dans la démarche de coaching.

Par exemple (pour reprendre un cas déjà évoqué) pour un coach, entendre le coaché annoncer lors du premier contact qu'il a tout essayé, que rien ne marche, et que le coach en question est son dernier espoir active le processus de déviation de la relation vers une dépendance déclarée qui est une forme de manipulation. Le paradigme sémantique est de l'ordre : « sans vous, je ne peux rien ». Cela flatte le coach et lui donne l'impression d'être reconnu en tant que professionnel. Le but initial, qui consiste à aider le coaché à parvenir à réaliser son objectif, est substitué alors par l'objectif de démontrer que le coach « peut », qu'il est bon coach. Or, cet objectif n'appartient pas au coach et dépend uniquement du coaché. Le coach est donc, à partir de ce moment-là s'il entre dans cette « danse », à la merci du coaché.

Conjuguer le pouvoir du manager et la « neutralité » du coach

Il convient de nous mettre d'accord sur l'idée que le pouvoir est une composante inhérente au manager, quel que soit le style de l'exercice de ce pouvoir. Même très libéral, permissif et « nouvelle économie », il est omniprésent et, potentiellement, oppressant pour le subordonné (même si celui-ci est de haut niveau et juste à « n moins un » du « patron »). Cette relation au pouvoir, relation non symétrique, induit chez le subordonné des réactions régressives, infantiles d'adaptation et une multitude de stratégies qui varient entre la flatterie, l'évitement, l'agressivité, etc. Il est évident que cette relation est fortement teintée de façon émotionnelle et qu'elle peut provoquer chez le subordonné des émotions négatives fortes. Alors, comment parler de coaching dans ces conditions !? Le coaching détient aussi une relation de pouvoir, un pouvoir différent, mais aussi puissant, celui du « sachant » : le coaché accepte de se mettre dans une position de « client » et de se faire « guider », aider. Ceci comporte la composante de « *surrender* » : en anglais « se rendre » (à son traitant, médecin, coach, avocat, architecte, et lui reconnaître son pouvoir de « sachant faire comment »). La relation est aussi asymétrique et par là même une régression pourrait se produire... De plus, le coach exerce un pouvoir immense, car, à la différence du pouvoir hiérarchique, son pouvoir lui est attribué personnellement, hors structure hiérarchique.

La neutralité du coach professionnel dans l'organisation est un positionnement car il travaille pour et est rémunéré par la Direction au nom de l'organisation. C'est un agent de progression de l'organisation ou de ses acteurs, actif, facilitateur. S'il affiche une neutralité qui fait partie de son positionnement dans l'organisation (il est hors organisation), de son éthique (il est au service du coaché), c'est qu'il est non impliqué dans les

© Éditions d'Organisation

conflits, ou processus internes. Il apparaît donc neutre par rapport à la situation (une neutralité qui n'est qu'apparente).

Dans le cas de manager-coach, l'accumulation des deux mandats crée parfois un déséquilibre qu'il faut gérer quelle que soit la configuration de celui-ci, à savoir soit les mandats s'ajoutent et font un « double fardeau », soit le manager est « écartelé » entre les deux et le subordonné ne sait jamais s'il a affaire à ce moment précis au coach ou au manager.

Pour beaucoup de managers, devenir manager-coach c'est enrichir le renouveau du management. Le manager-coach reste avant tout manager, et aménage la pratique du coaching soit comme un style, soit sous forme d'activité annexe. Il devient un manager-coach « éclairé », **faisant fructifier le capital humain** qu'il gère aussi bien « versant client » que « versant équipe ». En plus, il comprend et utilise à bon escient l'ensemble des processus profonds qui se passent dans la partie souterraine de l'iceberg de l'organisation et de chaque acteur de celle-ci, ce qui lui permet de piloter le navire en ayant un « cockpit » de décodages spécifiques, donc plus d'efficacité au quotidien, mais aussi plus d'anticipation, de vision stratégique à moyen et long terme.

Éviter les confusions et les amalgames

La confusion (notion déjà abordée précédemment) est la chose la plus fréquente, présente **lorsque rien n'est spécifié dès le départ** : ni le contexte (coaching ? « débriefing » de manager ? réunion ?) ni l'objectif. Conséquence : le coaché (personne ou équipe) risque de se sentir « perdu » et de se comporter comme subordonné lors du coaching, sans endosser son véritable rôle de « coaché »...

Mais on trouve pire : **l'amalgame**, quand le principe de séparativité des territoires n'est pas respecté et qu'entre alors en œuvre un **coaching « sauvage »**. Pour exemple...

> Lors d'un déjeuner amical et détendu entre le manager et le subordonné, le manager-coach pose des questions, discute d'une problématique spécifique pouvant faire l'objet d'un travail de coaching, puis, au lieu de s'arrêter là, amorce la séance de coaching au restaurant et y « entraîne » le coaché, souvent sous couvert de manque de temps, urgence, etc. On appelle cela un coaching « sauvage » car les règles, le cadre et l'éthique ne sont pas évoqués, le « contrat » n'existe pas et le coaché se sent floué : il ne s'y attendait pas. Souvent, il a l'impression qu'on lui a extorqué des aveux de difficultés qui peuvent lui être préjudiciables. Soit il s'en sortira par une pirouette du genre « on a trop bu et j'ai raconté n'importe quoi », soit il en voudra au manager-coach « manipulateur » et résistera à toutes invitations ultérieures d'entrer dans la démarche de coaching.

Autres types d'amalgames :

– craindre une détérioration potentielle de la relation entre le manager et le coaché au cas où le coaching (ou ce qui serait réalisé sous cet intitulé) aurait mal fonctionné.

– mélanger les problématiques personnelles et professionnelles du coaché lors du coaching par le manager-coach (le coaché n'aura pas le sentiment d'« avoir été respecté »).

– s'attaquer aux problématiques qui ne sont pas du ressort du coaching et sont trop lourdes pour cette démarche.

– chez le manager-coach lui-même, créer des dissonances ou des conflits internes entre les enjeux, les intérêts ou les valeurs respectives du manager et du coach.

Toutes ces considérations à propos des amalgames, confusions et abus de pouvoir sont suffisantes pour ôter l'envie de coacher à n'importe quel manager raisonnable ! Oui, on marche « sur des œufs » mais grâce au respect de l'Autre et l'éthique de la démarche, on parvient à ne pas en casser.

- III -
La démarche organisée du manager-coach

Les étapes successives de coaching

Les six étapes de coaching sont les suivantes :

1 - La préparation

Elle consiste à faire émerger une demande (pré-coaching).

2 - L'entrée dans le coaching

Il s'agit de délimiter les contours d'un cadre éthique, les modalités, le « contrat ».

3 - L'État Présent

4 - Le Projet de changement

5 - L'intervention

Elle consiste à réaliser les objectifs.

6 - Le bilan et la validation (des réalisations)

Voyons en détail chaque phase dans sa spécificité.

La préparation

Tout d'abord, et surtout dans le cas du manager-coach, il faut préparer la personne pour que la « demande » puisse être formulée.

Si la démarche de coaching existe dans l'entreprise, il est possible qu'elle soit systématique et concerne tous les acteurs de ce « calibre » de direction. Dans ce cas de démarche institutionnelle, il est plus facile de la faire émerger, car elle est relativement banalisée. Par contre, si la démarche de coaching n'existe pas dans l'entreprise, il est plus difficile de la mettre en œuvre : il faut alors l'« aider » à être formulée.

Si le niveau de confiance que les collaborateurs ont vis-à-vis de leur manager est suffisamment élevé pour qu'ils le jugent capable de jouer efficacement le rôle de coach, alors ce sera à lui de mettre en confiance, lors d'un échange franc, et de motiver son collaborateur à entrer dans la démarche de coaching, en focalisant sur son potentiel.

La communication indirecte marche aussi très bien, et l'exemple d'un collègue déjà engagé dans une telle démarche pourrait être bénéfique (à condition que ce dernier en parle lui-même, et non le manager-coach).

Que cette demande soit « aidée » ou non, il est primordial qu'elle soit formulée par l'intéressé(e). Celui-ci a besoin de se l'approprier pour se sentir responsable de la démarche. Parfois, il s'écoule un certain temps (plusieurs mois) entre la sensibilisation par le manager-coach de l'intéressé(e) à la possibilité de la démarche de coaching et la formulation de la demande. C'est la période de maturation. Dans ce cas, il est conseillé de ne pas presser l'intéressé(e), d'attendre qu'il / elle « intègre » cette opportunité pour finir par formuler sa demande lui-même (elle-même).

L'entrée dans le coaching

Une fois que la demande est formulée, on va entrer dans le cadre formel du coaching, à savoir organiser une séance spéciale où sera posé le cadre de la démarche. Ce cadre est d'abord fonctionnel : rythme, durée, horaire, lieu (par exemple : tous les dix jours pendant un mois et demi, soit cinq séances de travail aux dates suivantes…, horaire : de 14.30 à 15.45, lieu : dans le bureau X). Vient ensuite une clarification d'ordre éthique qui est un cadre déontologique : s'imposent alors le respect mutuel, la confiance, la confidentialité et la séparativité (on s'attend à tout dire pendant cette séance mais à ne jamais en parler en dehors).

Il est vivement conseillé de travailler pendant cette phase sur les aspects de « ce que chacun voudrait à tout prix éviter de voir se produire ». Cette exploration explicite de la « face cachée de la lune » permet d'éviter des problèmes et surtout d'explorer les sensibilités éthiques des deux parties.

L'État Présent

Une à trois séances peuvent être consacrées à explorer les facettes de l'État Présent. Cet état est comparable à l'état des lieux effectué dans un appartement où l'on envisage d'entreprendre des travaux ; il faut une description,

© Éditions d'Organisation

puis l'analyse de l'existant pour comprendre ce qui se passe. Le manager-coach utilisera ici les outils spécifiques qui servent à étudier, analyser et auditer l'État Présent (cf. part. II, chap. 4).

Le Projet de changement

Deux à quatre séances de travail peuvent être consacrées à explorer les objectifs à l'aide des outils et procédures spécifiques. À la fin, les objectifs vont être « taillés » tels des crayons à papier, c'est-à-dire affinés pour être clairement formulés, et leur réalisation sera d'autant facilitée qu'ils seront bien ciblés et définis selon les critères de l'objectif.

Quelquefois, cette étape fera l'objet d'une sensible évolution des objectifs, lors d'une véritable « renégociation » par exemple entre le manager-coach et le coaché. Dans ce cas, le coaché s'étonnera de constater qu'avant même de franchir l'étape suivante (celle de l'intervention), les objectifs puissent autant évoluer et changer. En effet, les outils d'exploration des objectifs qui produisent des résultats d'une grande précision commencent d'abord par « déblayer » le terrain puis, au fur et à mesure que l'on progresse, récoltent des indices de plus en plus fins. Le travail sur les objectifs est important parce qu'il permet d'éviter le risque de prendre le symptôme ou un objectif de surface pour l'Objectif, et de se précipiter alors sur une mauvaise piste dans la phase d'intervention. Cette étape, consistant à « corriger le tir » ou à renégocier les objectifs, doit se solder par une validation des objectifs présentés de façon synthétique comme le « Projet ». Ce « Projet » doit être écrit, validé par le manager-coach et le coaché lors de la dernière séance de cette étape et contenir les objectifs bien définis, le cadre de timing, les ressources allouées, les modalités du changement et de sa cohabitation avec la vie **professionnelle** du coaché et du manager, etc.

Un objectif bien défini représente 80 % du travail accompli, car : « *il n'y a pas de vent favorable pour celui qui ne sait pas où il va* ».[1]

---

1. Sénèque.

NB : à l'intérieur de l'étape cinq, il se peut qu'il y ait une séance pour réajuster les objectifs, « corriger le tir ». Cela représente une nouvelle occasion de préciser ou renégocier les objectifs (qui évoluent).

L'intervention

Cette étape, essentiellement opérationnelle, est constituée de une à dix séances de coaching, qui matérialisent le changement voulu et visé dans le « Projet ». Si les ressources allouées contiennent l'intervention d'un coach externe, alors ce dernier prendra la relève le moment voulu, soit parce que le changement est trop délicat à réaliser pour le manager-coach, soit parce qu'il dépasse ses compétences. L'intervention en tant qu'étape est le « cœur » du processus de coaching par le manager-coach et ne doit pas dépasser le temps réglementaire pour conserver toute son efficacité.

Dans l'absolue majorité des cas, l'intervention finira par faire (se) réaliser le Projet, si celui-ci a été bien cerné dès le départ. Sinon, il faudra renégocier le Projet ou intégrer de nouvelles données (extérieures ou intérieures), apparues au cours du travail. D'ailleurs, si durant cette étape on bute sur une difficulté imprévue, alors il faudra retourner à la phase quatre et ré-explorer/travailler les objectifs.

Le bilan et la validation

Cette étape sert à valider le fait que l'on est parvenu à réaliser le Projet ; elle permet de constater les écarts éventuels entre le projet envisagé et le résultat obtenu (tant dans le timing que le contenu) et d'en tirer des conclusions pragmatiques.

Cette phase s'attache aussi aux bénéfices dits « secondaires », tels que la (bonne) relation, la confiance, l'aspect team-building, la coopération, le (bon) climat de l'équipe, et autres retombées positives éventuelles. Parmi les bénéfices, l'exemplarité de ce cas de coaching (si la démarche de coaching est banalisée dans l'entreprise) aura pour effet de modéliser l'excellence dans l'entreprise. Et l'on sait que l'émulation est un moteur important.

© Éditions d'Organisation

La ressource temps

À chaque étape une durée de coaching appropriée

La durée de coaching ne doit pas dépasser certaines limites indiquées, sous peine de « s'essouffler » ou de décrédibiliser la démarche. Il est d'usage, pour un coach professionnel, d'allouer un nombre déterminé de séances à chaque étape de coaching. Un manager-coach moins habitué à diriger la démarche devra être plus nuancé. Toutefois, à titre indicatif, voici les différents paramètres selon la phase envisagée...

Concernant **la phase préparatoire**, la durée se décidera selon les caractéristiques du client ; elle dépendra de son « éveil » plus ou moins rapide, de son plus ou moins d'énergie. Elle dépendra de la patience du manager-coach, de l'intérêt que le coaché éventuel représente pour l'entreprise, du degré de banalisation de la démarche. Elle peut prendre de une à quatre « séances » informelles ou *impulses* plus ou moins directs (une phrase, une conversation, un exemple d'un autre coaché évoqué) et nécessiter de quinze jours à dix-huit mois de « maturation » de la demande, qui doit venir du coaché. Il n'y aura pas de séances formelles, la durée est donc variable, allant de trois minutes à la longue discussion d'une heure.

Concernant **l'entrée dans le coaching**, un à quatre entretiens formels ou semi-formels de coaching sont nécessaires, dont résultera le « contrat » passé entre le manager-coach et le coaché. Ici, **les séances se formalisent**, surtout parce qu'elles sont identifiées comme telles et peuvent durer chaque fois de quinze minutes à une heure. **Le lieu** dans lequel elles se déroulent a son importance et jouera son rôle de conditionnement positif ou bloquant (s'il y a mélange) dans le processus ultérieur de coaching, mais aussi de management.

Concernant **l'étape d'exploration de l'État Présent**, un à quatre entretiens sont nécessaires. Ils durent de une à deux heures et sont clairement identifiés comme ceux de coaching. Encore une fois, le manager-coach n'évoque pas les sujets de management pendant ces entretiens pour éviter toute « confusion ».

Concernant **l'étape de Projet de changement**, il faut compter de un à quatre entretiens selon la complexité des objectifs et leur combinatoire.

L'étape de **l'intervention** varie selon le type de coaching ; elle implique par exemple de un à dix entretiens pour le coaching opérationnel. Quant au coaching transformationnel, un accompagnement plus long, pendant plusieurs mois, peut être envisagé (par exemple deux séances mensuelles pendant X mois).

Enfin, **la validation** des objectifs atteints réclame de un à deux entretiens. Lorsque l'objectif a été atteint, il est conseillé de le « fêter » d'une certaine manière, ne serait-ce qu'en évoquant cet aspect qui a son importance dans le registre de « reconnaître » et, bien sûr, récompenser.

Le timing du coaching

Commencer le coaching trop tôt par rapport à la maturation de la personne signifie dépenser de l'énergie inutilement, voire, par un effet systémique paradoxal, démotiver et ralentir le processus de changement. Et commencer trop tard, c'est compromettre le résultat à atteindre. Il faut donc « partir à point », à la période optimale où l'intervention est plus facile à effectuer. Selon la préférence du coaché, on peut partir d'un problème (actuel ou à venir) ou d'un objectif d'amélioration. Les signes observables sont les « signaux » que la personne donne soit par rapport à la problématique qu'elle vit, soit par rapport aux objectifs nouveaux qu'elle voudrait atteindre. Le bon timing est celui qui s'adapte aux différentes phases de coaching et rend la démarche opportune. Car si le coaché potentiel est « mûr » pour la démarche, la phase de préparation sera plus facile et la demande pourra émerger toute seule ; cela prendra moins de temps et d'énergie.

L'autre aspect du timing, c'est la concomitance avec d'autres démarches, telles que la formation, le mentoring, etc. La démarche de coaching est

© Éditions d'Organisation

complémentaire à celles-ci et le timing n'en est pas affecté. Il existe même un effet de « fertilisation croisée » qui fait que, entreprises en même temps (formation + coaching ou coaching + mentoring), ces démarches sont facilitées car elles créent un puissant effet de « croissance » du potentiel de la personne.

Enfin, le timing opportun pour le coaching est celui de l'avènement d'un projet de restructuration, fusion, ou autre type de changement qui rend le « départ » (dans le sens sportif du terme) plus logique et facile. En effet, un grand projet de changement collectif demande une adaptation à chacun, et rend la démarche de coaching plus légitime. Les grands projets de l'entreprise, pour être implémentés, appellent une vague de démarches collectives et individuelles de coaching, formation, mentoring nécessaires. Le timing de coaching est donc facilité par ces projets et peut se situer en amont ou en aval de ceux-ci.

Dans quel cas le timing de coaching peut-il être affecté négativement ? Peut-être lors d'une période de turbulences dans la vie personnelle du coaché, telle que divorce, perte d'un proche, etc. Dans ce cas, l'influence des turbulences personnelles colorie de façon négative l'émotionnel du coaché, « pompe » son énergie et l'empêche de se concentrer sur la « croissance ». En effet, les turbulences doivent être digérées, intégrées, et nécessitent une démarche d'accompagnement approprié. Comme cela se fait rarement dans l'entreprise, qui traditionnellement ne s'occupe pas de ce genre de « chantiers » personnels, la plupart du temps les turbulences risquent d'être mal digérées et vont avoir une influence directe sur la production du coaché, avec un préjudice évident pour l'entreprise. Le timing approprié consistera ici à :

– 1) Ne pas entreprendre une démarche de coaching en même temps que se vivent d'importantes turbulences personnelles : il faut attendre que les « braises » se transforment en « cendres » et la seule ressource alors est de laisser passer du temps.

– 2) Entreprendre plus tard une démarche de coaching pour nettoyer les « cendres » encore chaudes qui affectent le potentiel de croissance professionnelle de l'intéressé.

Il faut quand même préciser que ce genre de problématique personnelle affecte le coaching de deux façons : soit il donne envie de l'entreprendre, parce que la personne aspire à clarifier et « nettoyer les choses », soit il bloque la personne dans un état de peur (elle craint d'affronter ses erreurs de choix, de jugement ou d'attitude). C'est là que la phase de préparation de coaching prend tout son sens.

Enfin, toujours par rapport au timing, le manager-coach lui-même perd en efficacité si à son tour il traverse, dans sa vie professionnelle ou personnelle, une zone de turbulences.

La ressource temps est donc une véritable alliée dans la démarche de coaching, pour peu que l'on laisse du temps au temps. En effet, le timing étant très individuel, il faut « **donner la permission** » **de prendre son temps**, à juste mesure, ni trop, ni pas assez, et le manager-coach doit développer une acuité particulière à sentir le juste timing pour chaque coaché potentiel. Il faut se débarrasser de la croyance limitante personnelle selon laquelle il y a des pertes de temps ou des temps morts dans la croissance. Tout comme dans la période du printemps, l'œil non-averti peut avoir l'impression que rien ne se passe, car la sève qui circule n'est pas visible, et s'impatienter de ce retard. Puis, le lendemain matin, constater l'apparition de feuilles vertes sur toutes les branches : rien n'est dès lors plus comme avant.

La ressource temps est la ressource la plus précieuse si on sait l'exploiter. Pour cela, le manager-coach a dans ses bagages la valeur comme **confiance**, et la capacité comme **intuition**. Tel le jardinier qui connaît la valeur de maturation et sait attendre les fruits de saison, sans forcer la nature, le manager-coach doit **adopter la croyance que** « **le temps travaille pour lui** ».

Les objectifs du coaching

Les objectifs du coaching sont négociés entre le manager-coach et le coaché lors de la phase quatre « *Le Projet de changement* ». Au début, on possède plutôt **une classe d'objectifs** qui vont se clarifier au fur et à mesure que cette phase se déroule. Ils seront travaillés en commun mais appartiennent au coaché, qui devra les réaliser avec l'aide du manager-coach.

Les objectifs apparents et profonds

Il se peut que les objectifs soient comme un iceberg et « cachent » dans leur « partie immergée » profonde d'autres objectifs moins apparents. Ceci est fréquent et doit être élucidé lors de la phase de travail sur les objectifs.

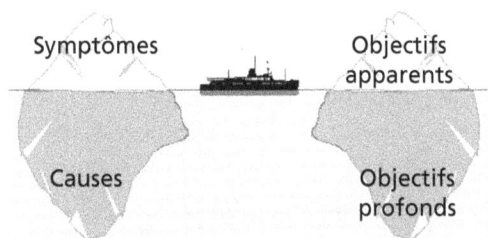

Les **objectifs profonds** mis en lumière constitueront alors un élément puissant de motivation pour la réalisation et la réussite de la démarche de coaching.

Par contre, il peut y avoir, à un moment donné, des objectifs profonds confidentiels que le manager-coach ne peut pas partager avec le coaché (ils lui seront révélés plus tard) soit pour des raisons internes à l'entreprise (rachat, privatisation, changement structurel non encore officiel) soit pour des raisons concernant le coaché (promotion, nomination imminente) ou encore des raisons concernant l'organisation. C'est un cas commun aux coachs professionnels qui travaillent souvent sur le triangle des objectifs entre le prescripteur, le coaché et le coach.

Enfin, dernier cas de figure : les **objectifs affichés** pour l'équipe, dans le cas de coaching d'équipe et à l'extérieur de cette équipe. Moins il y a de divergences entre les objectifs affichés à l'extérieur et à l'intérieur, et plus il y a de force et de cohérence pour les atteindre.

L'évolution des objectifs

Il est courant que les objectifs évoluent au cours du processus de coaching. Les objectifs de départ, pour la première fois consignés par écrit lors de la phase quatre, peuvent **sensiblement évoluer** lors des phases suivantes, surtout pendant l'intervention. Ceci prouve que la démarche de coaching progresse, puisque les objectifs de départ correspondaient à la première approche de la situation dont la finalité évolue avec la personne. Les objectifs qui vont émerger plus tard seront donc peut-être très différents de ceux initiaux, et il faut prévenir le coaché de cette particularité de la démarche de coaching pour que, plus tard, quand cela se réalisera, il puisse revenir sur les objectifs et mesurer par leur progression le chemin parcouru avec le manager-coach. En effet, la première fois, après avoir travaillé les objectifs apparents et les objectifs profonds, après les avoir « taillés » comme des crayons et négociés à travers les techniques d'exploration telles que celle dite des « deux icebergs », il faut absolument les **valider**, c'est-à-dire se mettre d'accord pour confirmer l'objectif visé. La charge émotionnelle qui doit alors investir l'objectif devient un « moteur » pour que le coaché puisse aller jusqu'au bout de sa démarche.

Il est conseillé de « regarder dans le rétroviseur » régulièrement pour se motiver et revenir sur ces objectifs de départ, pour être sûr que l'on est toujours en train de « marcher » vers le cap visé et que l'on a déjà fait un bon bout de chemin ensemble. L'évolution des objectifs, mesurable en termes de dimension, ambition, impact émotionnel pour le coaché, profondeur d'implication, etc., constitue un excellent instrument de validation et une belle « preuve » des progrès effectués... En évoluant, les objectifs deviendront plus profonds ou vont inclure d'autres personnes, ce qui les rendra plus « humains ». Il arrive aussi que cette évolution se passe en partant d'objectifs de départ qui se situent plutôt dans le « faire » ou l'« avoir » pour dévier, progressivement, vers l'« être », ce qui leur donne une autre dimension ; on constate alors que les objectifs ont « grandi ».

Le rituel des objectifs est primordial, non seulement parce que c'est une étape importante du processus de coaching, mais aussi parce qu'au niveau symbolique, décider de la direction à prendre, plus l'annoncer au manager-coach, c'est former une équipe et s'engager ensemble dans une direction. Valider les objectifs, c'est **matérialiser l'intention et harmoniser le côté émotionnel du désir qui contient l'objectif avec le côté rationnel qui le creuse, l'explore par les instruments logiques et y ancre l'émotion nécessaire pour l'atteindre.**

La validation des objectifs est obligatoire et prend des formes plus ou moins complexes et formalisées, allant du simple rappel oral à la forme écrite (on peut par exemple pratiquer une séquence symbolique au cours de laquelle on fait consigner par écrit et mettre dans une enveloppe qui restera posée sur la table la liste des objectifs ou la description de l'objectif dans toute sa spécificité, inscrite dans le timing et les modalités de sa réalisation).

Plus l'objectif est précis, plus il est facile de le réaliser, à condition qu'il soit préalablement « négocié » pour être réalisable et « écologique » pour la personne, c'est-à-dire ne comportant aucun inconvénient potentiel, aucune perte d'avantages, ressources, etc.

Dans un coaching d'équipe, l'objectif(s) doit être validé(s) d'autant plus que plusieurs personnes seront responsables et impliquées dans sa réalisation : il conviendra d'opérer ce que l'on appelle une « communication » sur ce sujet et de faire de la validation un élément de team-building.

© Éditions d'Organisation

II

LA BOÎTE À OUTILS

Nous fournissons tout d'abord des clefs de « décodages » pour permettre au coach de se faire une idée de « ce qui se passe dans la tête » du coaché (et dans la sienne). Puis nous lui proposons des outils concrets ainsi que des techniques d'intervention à mettre en œuvre lors des séances de coaching, afin d'aider le coaché à fixer puis atteindre ses objectifs de changement.

- I -
Les fondamentaux
du coaching

Ce sont les petites briques qui constituent les fondations de la « maison » du coaching. Invisibles sous terre, elles se tiennent entre elles et permettent de construire les murs, puis le reste. Elles font tenir tout l'édifice : ces petites briques constituent les postulats fondamentaux de la communication.

Tout est communication

– On ne peut pas ne pas communiquer. Si vous vous y refusez, cela revient aussi à une forme de communication, tout comme n'importe quel comportement, car tout est communication et l'on communique constamment.

Nous communiquons consciemment et inconsciemment :

– Nous donnons plus d'informations que nous n'imaginons consciemment (captées par l'intuition des autres à notre insu) ;

– Nous captons plus d'informations que nous ne l'imaginons consciemment (notre intuition).

La composante essentielle de l'interaction est la relation

Il y a deux échanges dans l'interaction :

– le **Contenu ou la tâche matérielle** de celle-ci, comme par exemple discuter du prix de la prestation, émettre une critique ou une demande ;

– et **la Relation, ou la substance immatérielle**, qui déterminera la dynamique et l'efficience de la tâche matérielle.

Si la Relation est bonne, le Contenu « passe » bien, même s'il contient des erreurs ou difficultés (on aura d'ailleurs tendance à les minimiser). Si, par contre, la Relation est médiocre, le Contenu, même bon, aura beaucoup de mal à passer.

Le manager-coach doit donc veiller à la qualité de la Relation, qui devient pour lui un outil dans le processus de management et dans celui de coaching.

Exemple :

Prenons le cas d'achat de timbres à la Poste. Une personne se rend dans un bureau et fait la queue au guichet. Elle affiche ainsi (comportement non-verbal) son intention d'acheter des timbres, poster ou retirer une lettre. Le préposé et elle-même ont une relation en principe neutre et le contenu est l'achat de timbres ou autre opération concrète qui en principe ne peut être refusée par le préposé. Seulement, imaginez que la personne en question se mette à produire des comportements qui vont affecter le préposé de façon négative : critiquer à haute voix « l'inefficacité » des fonctionnaires, émettre des bruits d'impatience, se tenir dans l'attitude hostile de quelqu'un qui « perd son temps », etc. En d'autres mots, émettre des méta-messages dont la trame sémantique équivaut à : « vous n'êtes pas OK ». La Relation sera immédiatement affectée et le préposé risque en réaction de ralentir encore le contenu ou de le rendre plus difficile, ou d'exprimer à son tour sa désapprobation. Tout cela créera un « coût » supplémentaire pour la personne qui a pour objectif d'être servie vite et bien. Les comportements et attitudes qui produisent un effet négatif sur la Relation finissent par affecter la tâche matérielle.

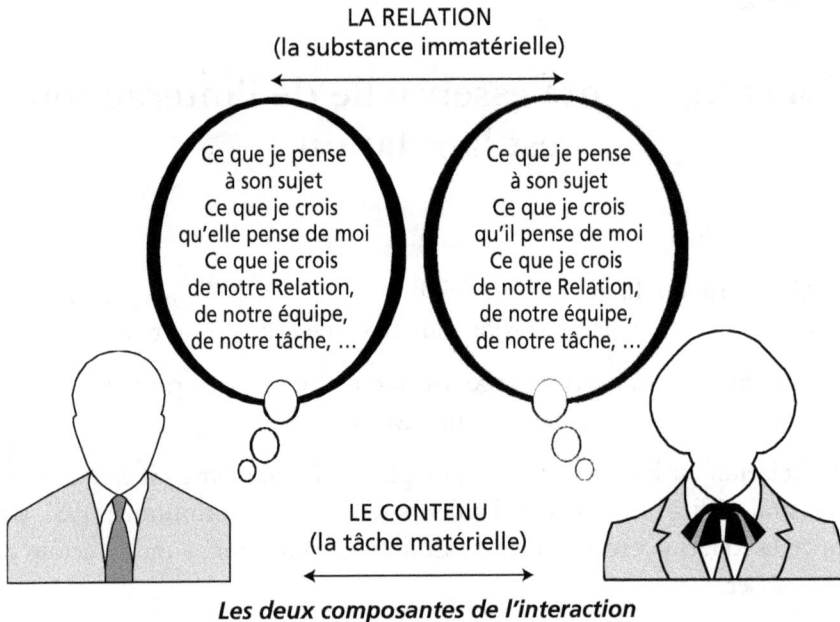

LA RELATION
(la substance immatérielle)

Ce que je pense
à son sujet
Ce que je crois
qu'elle pense de moi
Ce que je crois
de notre Relation,
de notre équipe,
de notre tâche, ...

Ce que je pense
à son sujet
Ce que je crois
qu'il pense de moi
Ce que je crois
de notre Relation,
de notre équipe,
de notre tâche, ...

LE CONTENU
(la tâche matérielle)

Les deux composantes de l'interaction

Le feed-back et la responsabilité

Lorsque deux personnes interagissent, elles sont dans la « boucle » de l'interaction et chacune réagit par rapport à l'autre ; le sens du message est déterminé par la réponse qu'il suscite chez l'autre, indépendamment des intentions de l'émetteur du message. La notion de **feed-back** est ici fondamentale : elle signifie que je reçois de l'Autre l'écho de ce que je lui ai envoyé. Ainsi, le manager-coach est responsable de ce qu'il produit ; il a la responsabilité de se faire comprendre. On échappe alors définitivement au « c'est sa faute », « c'est lui », « il n'est pas OK », au « je ne voulais pas », « il l'a mal pris », « oui, mais je le faisais pour son bien », ou encore le fameux (déjà évoqué) « c'est un mauvais élève » (car il n'y a pas de mauvais élèves mais des mauvais professeurs).

L'interaction est un « ballet » à deux, un « pas de deux » et il est important pour le manager-coach de toujours être vigilant à cet effet systémique pour en tenir compte et devenir le chorégraphe en plus du danseur averti.

IL N'Y A PAS D'ÉCHEC, IL N'Y A QUE LES FEED-BACK : SI CE QUE VOUS FAITES NE MARCHE PAS, FAITES AUTRE CHOSE, PARCE PLUS DE LA MÊME CHOSE PRODUIT PLUS DU MÊME RÉSULTAT.

SEUL LE RÉSULTAT EFFECTIVEMENT PRODUIT COMPTE, ET NON L'INTENTION.

> Voici l'histoire d'un curé et d'un chauffeur de taxi vivant dans le même village. Mourant tous les deux le même jour, ils se présentent ensemble devant les portes du paradis. Le portier consulte « la céleste informatique », puis ouvre les portes au chauffeur : « entre dans la joie du Seigneur ! », tout en écartant le curé. Ce dernier n'en croit pas ses oreilles : lui qui a vécu dans la prière, la chasteté, la sobriété, est rejeté alors que cet ivrogne de chauffeur, coureur de jupons et fêtard est admis ! Il exige des explications. On lui montre alors sur l'écran une scène récurrente de sa vie passée : il dit la messe et tous les paroissiens somnolent ou sont plongés dans une douce torpeur. Puis une deuxième scène : le chauffeur ivre conduit comme un fou dans les montagnes et ses quatre passagers prient Dieu.

Nous sommes responsables de notre communication, du fait d'être compris : si je ne suis pas compris, c'est que j'ai communiqué de façon confuse. Communiquer, c'est donc comprendre et se faire comprendre. Coacher et manager, c'est aussi se faire comprendre.

Bien recevoir et émettre les différents messages simultanés

Nous communiquons sur trois registres simultanément : verbal (les mots), para-verbal (les tonalités) et non-verbal (le corps).

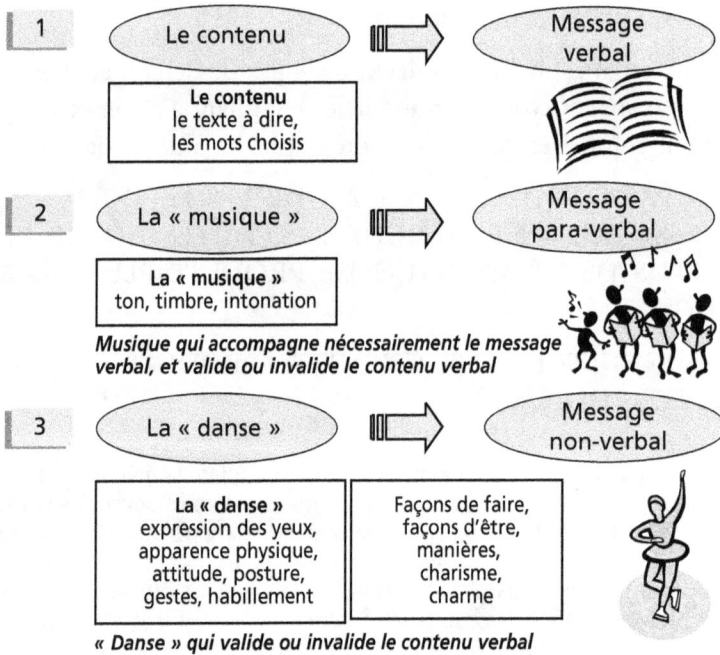

Les trois registres de la communication

© Éditions d'Organisation

Le registre verbal

Le langage verbal a plusieurs niveaux : celui de surface et celui profond (la trame sémantique). Le manager-coach doit être attentif au deux. Parfois, l'un peut contredire l'autre.

Exemple :

Dire « **oui mais...** » équivaut à un « oui » en surface mais un « non » en profondeur, et est reçu comme tel.

« J'ai **quand même** fait un bon travail ». Au niveau profond, j'exprime un doute. On a alors envie de poser la question : « malgré quoi ? »

La trame sémantique profonde de la réflexion : « Il n'a rien pigé à mon résumé » est : « Il n'est pas OK », tandis que : « J'ai fait un flop avec ma présentation » signifie : « Je ne suis pas OK ».

Le registre para-verbal

C'est la « musique » (ton, timbre, rythme, intonation, …) qui nécessairement accompagne le message verbal. Elle valide ou invalide le contenu verbal.

Exemple :

Le sourire « s'entend » au téléphone. En effet, une personne peut annoncer « ça va bien » tandis que son intonation indique le contraire.

Exemple du mécanisme d'interprétation basé sur le para-verbal :

Au téléphone, seuls sont présents le verbal et le para-verbal. Le non-verbal étant absent, il est quelquefois plus difficile d'interpréter correctement ce que vous dites. Ainsi, si vous dites à votre collaborateur : « Bravo ! », le message verbal peut être compris comme compliment (le vocable « Bravo » est « porté » par l'intonation, l'inflexion qui attribue et valide le sens grâce à quoi la personne le « reçoit »). Mais si vous changez d'intonation et d'inflexion para-verbale, ce message peut être « reçu » comme ironique et interprété comme une critique, voire une moquerie.

Le registre non-verbal

Il correspond à la « danse » de votre corps, qui véhicule beaucoup de messages. Cette danse valide ou invalide le message verbal.

D'après les travaux du Professeur Mehrabian[1], en entretien, le verbal compte pour 7 %, le para-verbal pour 38 %, le non-verbal pour 55 %, et le jugement s'établit dans les quatre premières minutes : dix secondes pour une première impression ; après trois minutes, on peut déjà exprimer une opinion, cinq minutes passées et elle est quasi définitive. C'est le para-verbal et le non-verbal qui déterminent le sens et donc l'issue de l'échange.

Le manager-coach doit être attentif à sa façon de communiquer, pour que les trois messages soient toujours concordants et aillent dans le même sens. Il doit aussi être capable de décoder les signes de discordance si un des messages du coaché contredit ou invalide son message verbal. L'exemple classique, c'est quand la personne dit « oui » verbalement mais fait « non » de la tête. Dans ces cas de discordance, on dit que la personne est « incongruente ».

La **méta-communication** est une sorte de commentaire sur ce que nous faisons et la façon dont nous le faisons. Les méta-messages négatifs que nous émettons de façon réflexe, automatique (souvent sans nous en rendre compte) diminuent, voire annulent notre message verbal.

Exemple de méta-message négatif :

La personne qui, avant de faire un dessin sur le tableau, en prenant le crayon dit « Je suis nul en dessin ».

Le phénomène de méta-communication est courant et son résultat est l'incongruence. Le manager-coach doit veiller à ne pas méta-communiquer lui-même et savoir décoder les méta-messages chez le coaché qui révèlent souvent le doute et des intentions inconscientes d'échec.

---

1. Cf. Antoine et Danielle Pina, *Sources et ressources de la PNL*, Interéditions 2001.

Les principaux schémas
de « Comment coacher »

La Pyramide des niveaux logiques de Bateson

Renvoi texte p. 49

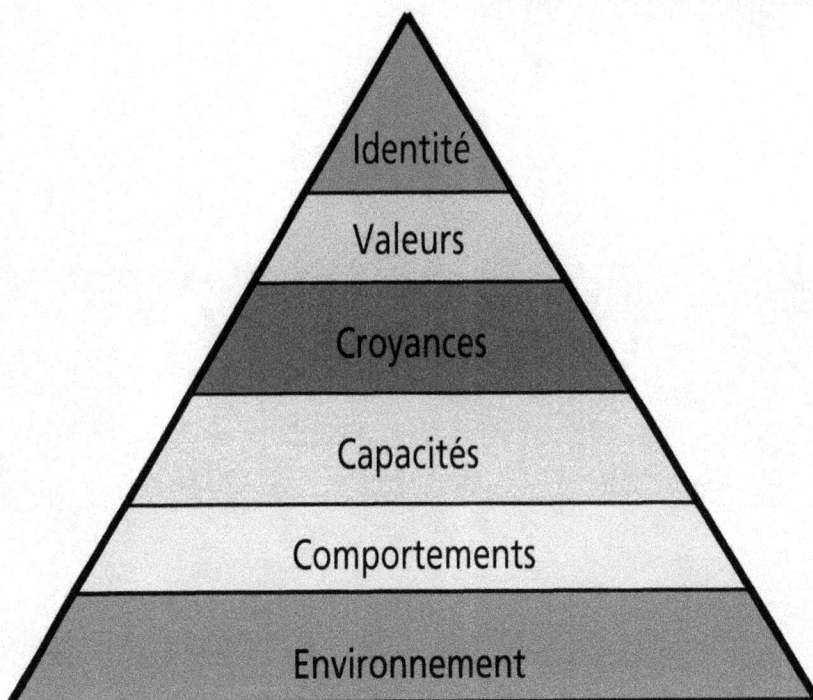

Identité

Valeurs

Croyances

Capacités

Comportements

Environnement

II

Conjuguer les trois « H » (*head, heart, hand*)

Renvoi texte p. 97

Une pomme VERTE
(« la RÉALITÉ »)

HEAD

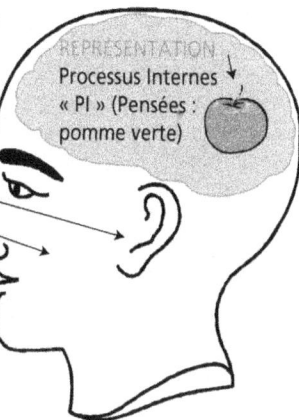

REPRÉSENTATION
Processus Internes
« PI » (Pensées :
pomme verte)

PERCEPTION
V(isuel)
A(uditif)
S(ensitif)
O(lfactif)
G(ustatif)

HAND

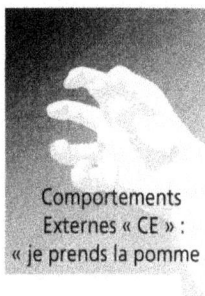

Comportements
Externes « CE » :
« je prends la pomme »

HEART

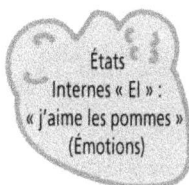

États
Internes « EI » :
« j'aime les pommes »
(Émotions)

Une pomme BLEUE
(« la RÉALITÉ »)

HEAD

REPRÉSENTATION
Processus Internes
« PI » (Pensées :
pomme verte)

PERCEPTION
V(isuel)
A(uditif)
S(ensitif)
O(lfactif)
G(ustatif)

HAND

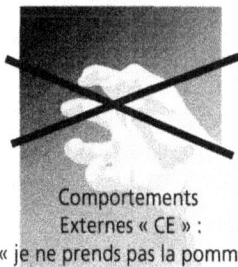

Comportements
Externes « CE » :
« je ne prends pas la pomme »

HEART

États
Internes « EI » :
« je suis troublé »
(Émotions)

III

Les principaux profils fonctionnels

Renvoi texte p. 112

1. La « LANGUE » ; le VAS

La personne privilégie-t-elle l'aspect visuel, auditif ou sensitif ?

À un déjeuner d'affaires :
– Visuel : « Quelle présentation formidable ! »
– Auditif : « La viande rouge, ça ne me dit rien »
– Sensitif : « On va se régaler »

Visuel

Auditif

Sensitif

2. Global/Spécifique

La personne dirige-t-elle son attention immédiatement sur l'aspect global des choses ou plutôt sur un/des détails ?

Qu'avez-vous fait hier ?
– Global : « Je suis allé travailler »
– Spécifique : « J'avais une visioconférence à 8 h 15,... »

Global

Spécifique

3. Procédure/Option

S'il faut faire quelque chose ou décider, la personne préfère-t-elle s'en tenir à ce qui est prévu, comme cela a déjà été fait, selon la même procédure, ou plutôt préfère-t-elle innover, choisir sa propre recette, faire autrement cette fois-ci ?

« Vous avez signé de nombreux contrats, comment avez-vous fait ? »
– Procédure : « J'ai reçu comme toujours les clients un à un, ai écouté leurs attentes pour leur montrer que la banque avait les produits dont ils avaient besoin »
– Option : « J'ai prévu de recevoir les clients un par un, mais finalement, j'ai improvisé une conférence »

Procédure

Option

4. Aller vers/Éviter

La personne qui parle préfère-t-elle **aller vers** un objectif ou s'éloigner des problèmes ?

« Pourquoi lancer ce nouveau produit ? »
– Aller vers : « Pour que la banque gagne de nouveaux clients »
– Éviter : « Pour ne pas perdre de clients »

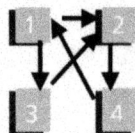

Aller

Éviter

IV

5. Orientation dans le temps

La personne relie-t-elle ce dont elle parle plutôt au passé, au présent ou au futur ?

« Qu'écrivez-vous ? »
– Le passé : « Je finis une note que j'ai commencé la semaine dernière »
– Le présent : « Je rédige une note d'information pour le conseil d'administration »
– Le futur : « J'écris une note pour le conseil d'administration de la semaine prochaine »

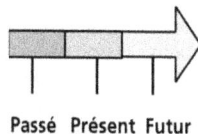

Passé Présent Futur

6. Cadre de référence

Pour choisir, décider, trancher, porter un jugement, la personne tient-elle plutôt compte de ses réactions intérieures ou de celles exprimées par les autres ?

« Pourquoi embaucher ce candidat ? »
– Référence interne : « Je le trouve plus qualifié que tous ceux que j'ai vus »
– Référence externe : « Son ancien employeur ne m'en a dit que du bien »

Référence interne

Référence externe

7. Ce qui existe/Ce qui manque

La personne remarque-t-elle en premier ce qui existe, ce qui manque ou évalue-t-elle en même temps ce qui existe et ce qui manque ?

« Où en êtes-vous dans votre travail ? »
– Ce qui existe : « On a terminé les phases 1 et 2 du projet »
– Ce qui manque : « Il nous reste la phase trois »
– La comparaison : « Nous sommes au deux tiers du projet »

Ce qui existe

Ce qui manque

8. Ressemblances/différences

Le premier mouvement de la personne consiste-t-il à remarquer, noter, souligner les ressemblances ou les différences ?

« Comment trouvez-vous le nouveau directeur de la succursale ? »
– Ressemblances : « Il est aussi peu communicant que le précédent »
– Différences : « Il est plus jeune »

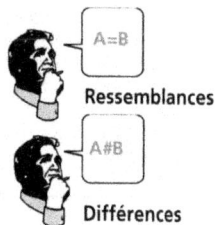

A=B
Ressemblances

A#B
Différences

9 D'accord/Pas d'accord

La personne a-t-elle naturellement tendance à exprimer son désaccord ou à « chercher la petite bête » quand on lui présente une idée (réflexe auditeur, consultant), ou bien est-elle naturellement plutôt d'accord avec son/ses interlocuteurs, ouverte à des idées nouvelles ?

« Que pensez-vous de remplacer les machines à écrire par des ordinateurs ? »
– Pas d'accord : « C'est pas ça qui... ! »
– D'accord : « Voilà qui va dans le sens du changement ! »

NB : Pour contrer la personne « pas d'accord », essayez d'utiliser des phrases du type : « Ne pensez-vous pas qu'il ne serait pas inutile de... »

OK   D'accord

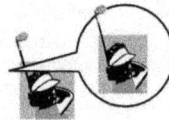 Pas d'accord

10 Associé/Dissocié (acteur-spectateur)

La personne s'exprime-t-elle comme si elle était spectatrice ou comme si elle était actrice de l'action qu'elle décrit ?

Vous animez une réunion, décrivez la scène :
– Associé : « Je salue mes collaborateurs, je distribue l'ordre du jour... »
– Dissocié : « Je me vois entrer dans la salle de réunion, inviter mes collaborateurs à s'asseoir, ... »

NB : Si la personne vous paraît « distante », il se peut qu'elle soit dissociée.

Dissocié

Associé

11 Tri primaire

À quoi s'intéresse la personne, de quoi parle-t-elle d'abord, quels aspects de la réalité sélectionne-t-elle avant tout ?

« Qu'avez-vous fait avec ce client ? »
– Les lieux : « Nous sommes allés au bord du lac »
– Les choses : « J'ai la signature »
– Les personnes : « Nous avons retrouvé M. X »
– Les actions/Les activités : « Nous avons pris une coupe de champagne »
– Les informations : « Dans sa situation patrimoniale, un nombre de choses... »

Lieux

Action

Choses

Informations

Personnes

Exemples de profils « radars »

Renvoi texte p. 117

Voici la matrice vide d'un profil « radar » personnel (la graduation permet d'apprécier l'intensité de chaque critère) :

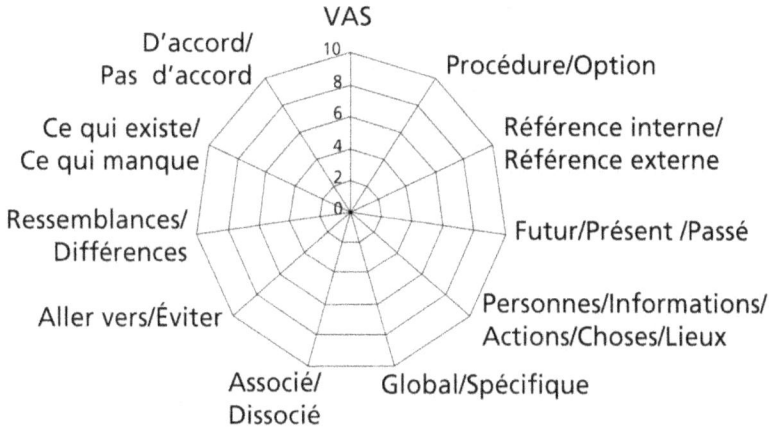

Voici l'exemple d'un profil « radar » de coaché :

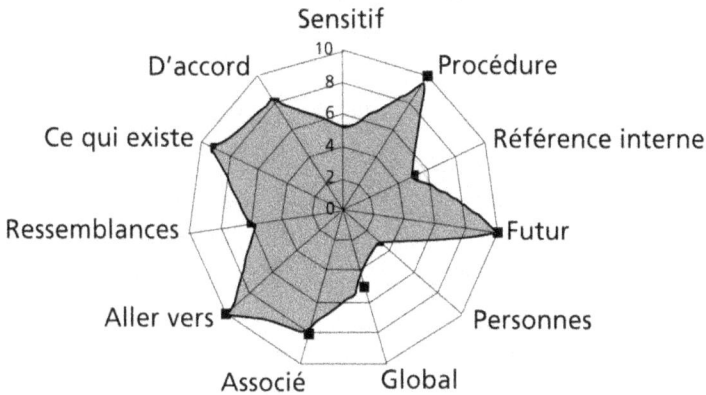

VII

Voici maintenant l'exemple d'un profil « radar » de manager-coach :

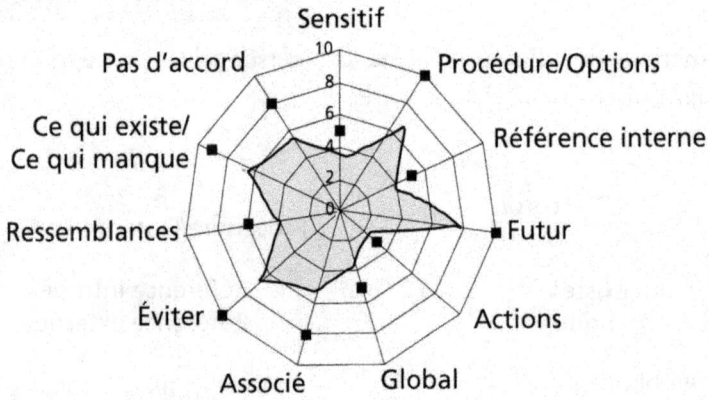

Ainsi, pour finir, voici la superposition des deux profils « radars » :

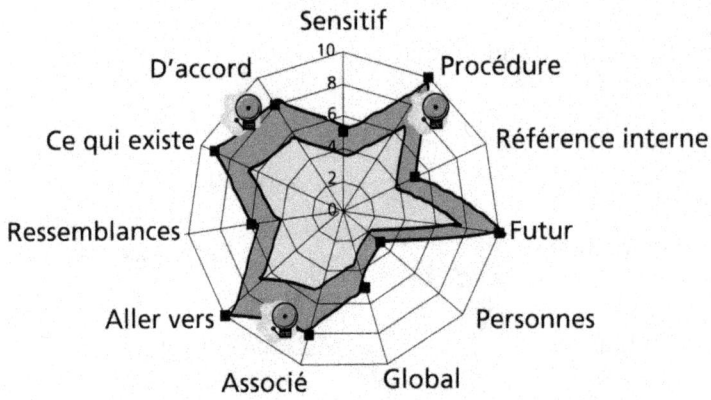

 = Zone à risques

Décoder la « langue » utilisée

Renvoi texte p. 121

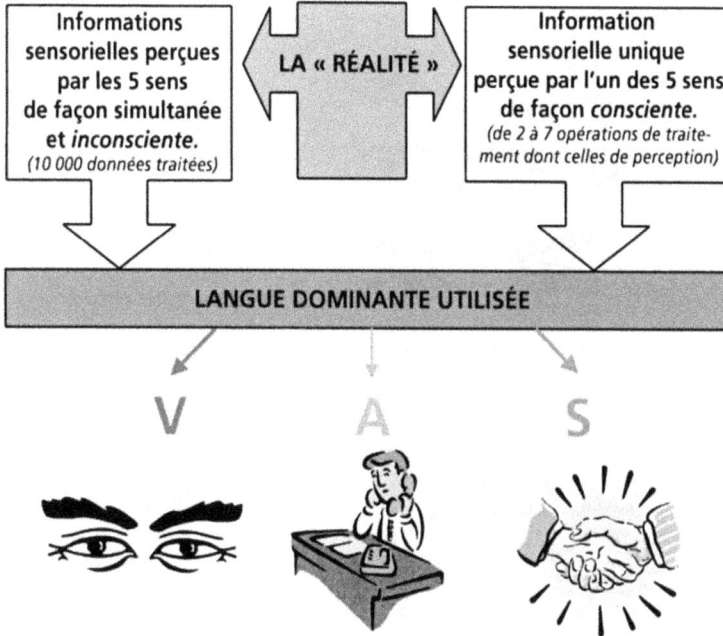

Informations sensorielles perçues par les 5 sens de façon simultanée et *inconsciente.* *(10 000 données traitées)*	LA « RÉALITÉ »	Information sensorielle unique perçue par l'un des 5 sens de façon *consciente.* *(de 2 à 7 opérations de traitement dont celles de perception)*

LANGUE DOMINANTE UTILISÉE

V   A   S

Pour décoder la langue dominante utilisée :

Les messages à observer

- Indices verbaux (choix des mots)
- Posture
- Gestuelle
- Expression du visage
- Mouvements des yeux
- Qualité de la voix

IX

« Trois langues et un discours neutre : N-V-A-S »

Renvoi texte p. 122

N   **Neutre**

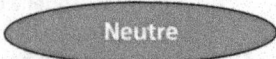

Je comprends bien

V   **Visuel**

Je vois bien
C'est clair
De mon point de vue

A   **Auditif**

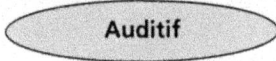

Je me dis
Cela me parle
Ça sonne juste

S   **Sensitif**

C'est du solide
Ça tient debout
J'ai le sentiment

X

Décoder à partir des comportements et attitudes corporelles

Renvoi texte p. 127

Le Visuel :
Posture : raide, se tient droit et ne s'affale jamais (le visuel a souvent mal au dos et à la nuque car pour se construire des images « dans la tête », on a tendance à raidir involontairement les muscles du cou).
Physique :
– souvent mince,
– gestes vers le haut.
Respiration : rapide, superficielle et située dans la partie haute de la poitrine.
Voix / Débit :
– débit rapide (cela s'explique par le fait que les images défilent à toute vitesse dans sa tête et qu'il essaie de les « rattraper »).
– voix haute, monotone.
Expressions : mots visuels : « c'est clair », « je vois »...
Clés visuelles : les yeux vers le ciel.

Les yeux
vers le ciel

L'Auditif :
Posture : position typique dite « écoute téléphonique » ; légèrement penché sur son interlocuteur, il sait mieux écouter que le visuel.
Physique :
– le corps exprime qu'il est à l'écoute,
– gestes plus amples.
Respiration : respiration plus lente située au milieu de la poitrine.
Voix / Débit :
– débit plus lent,
– voix plus ample, plus grave, richesse particulière d'intonations, de modulations.
Expressions : mots auditifs : « Ça me parle », « J'entends bien », « Ça ne me dit rien ».
Clés visuelles : les yeux vers le centre.

Les yeux
vers le centre

XI

Le Sensitif :

Posture : à l'aise dans son corps, toujours très confortablement installé.

Physique :

– Souvent, il aime la bonne chair,

– Gestes amples, dirigés vers le bas.

Respiration : lente, par le ventre.

Voix / Débit : parle lentement.

Expressions : « Ça ne tient pas debout », « Ça c'est du solide », « On marche la main dans la main avec ce consultant ».

Clés visuelles : les yeux vers le bas car il est dans le ressenti.

Les yeux
vers le bas

Décoder les critères et les valeurs

Renvoi texte p. 133

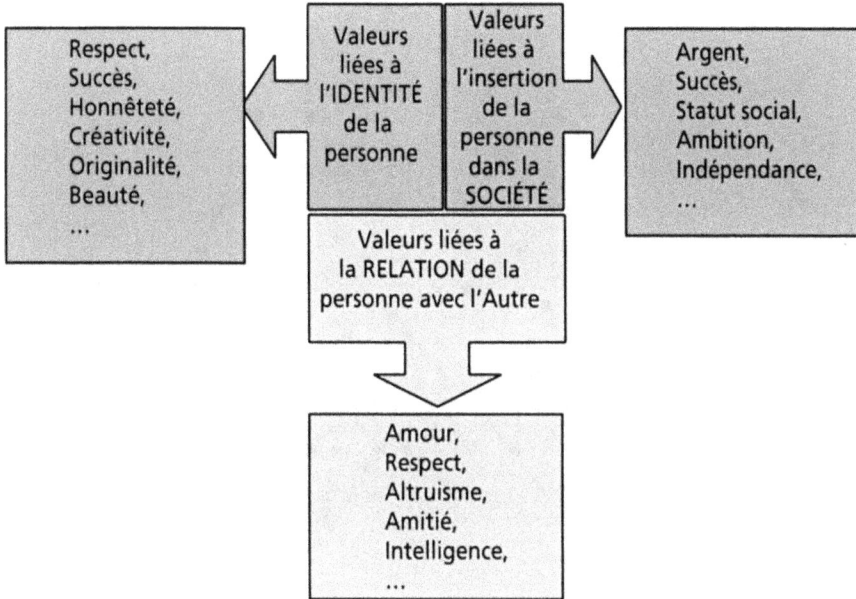

| Respect, Succès, Honnêteté, Créativité, Originalité, Beauté, ... | ← | Valeurs liées à l'IDENTITÉ de la personne | Valeurs liées à l'insertion de la personne dans la SOCIÉTÉ | → | Argent, Succès, Statut social, Ambition, Indépendance, ... |

Valeurs liées à la RELATION de la personne avec l'Autre

↓

Amour,
Respect,
Altruisme,
Amitié,
Intelligence,
...

XIII

« Exemple d'une banque de valeurs personnelle »

Renvoi texte p. 133

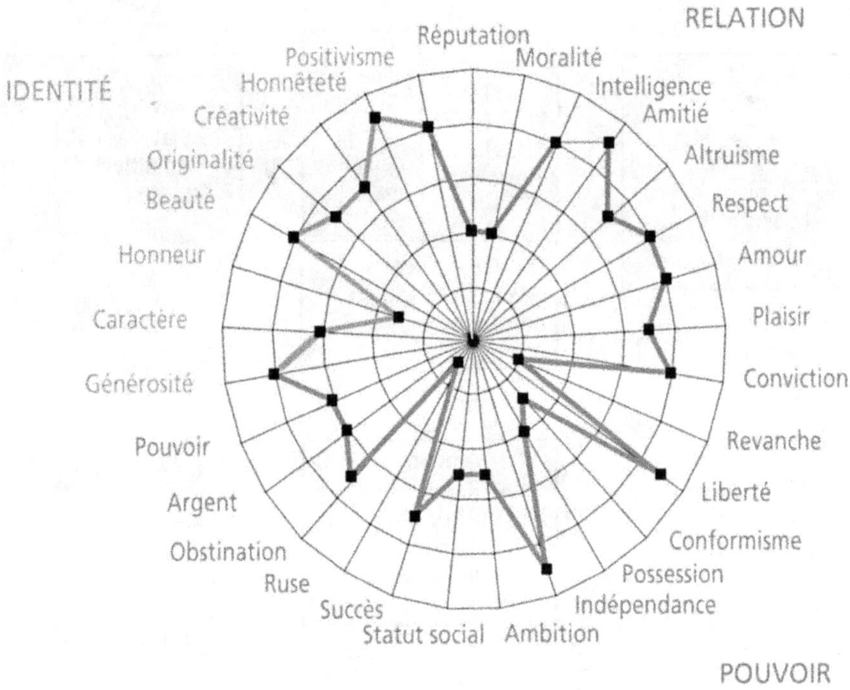

IDENTITÉ

RELATION

POUVOIR

Réputation
Positivisme
Moralité
Honnêteté
Intelligence
Créativité
Amitié
Originalité
Altruisme
Beauté
Respect
Honneur
Amour
Caractère
Plaisir
Générosité
Conviction
Pouvoir
Revanche
Argent
Liberté
Obstination
Conformisme
Ruse
Possession
Succès
Indépendance
Statut social
Ambition

Renvoi texte p. 163

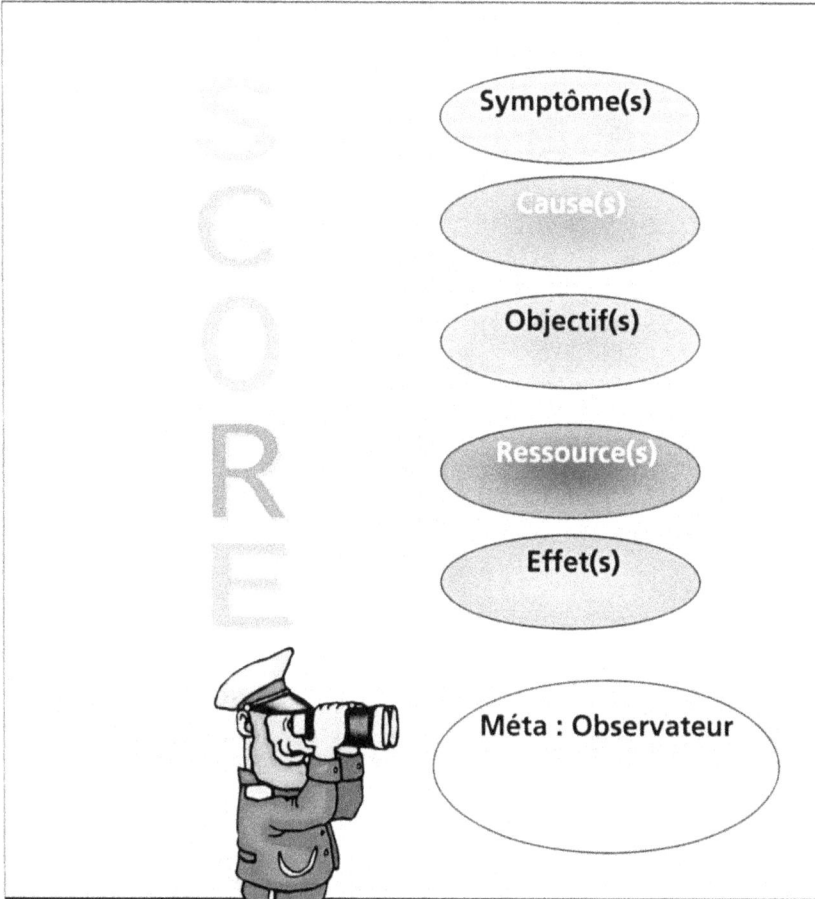

S C O R E

Symptôme(s)

Cause(s)

Objectif(s)

Ressource(s)

Effet(s)

Méta : Observateur

Renvoi texte p. 164

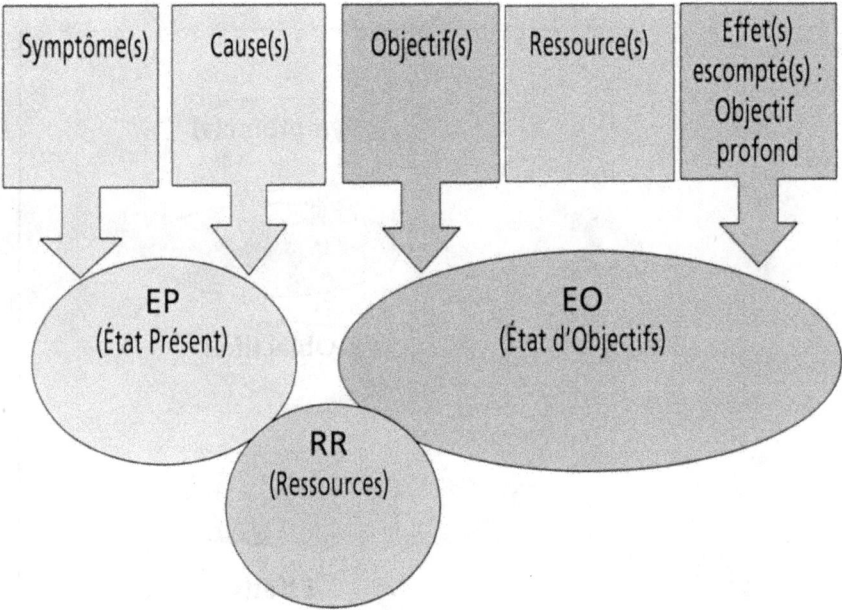

INTERVENTION

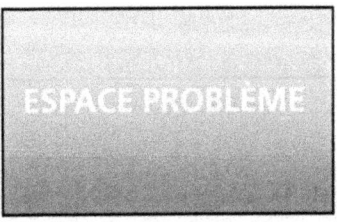

ESPACE PROBLÈME

ESPACE SOLUTION

La technique des « deux icebergs »

Renvoi texte p. 165

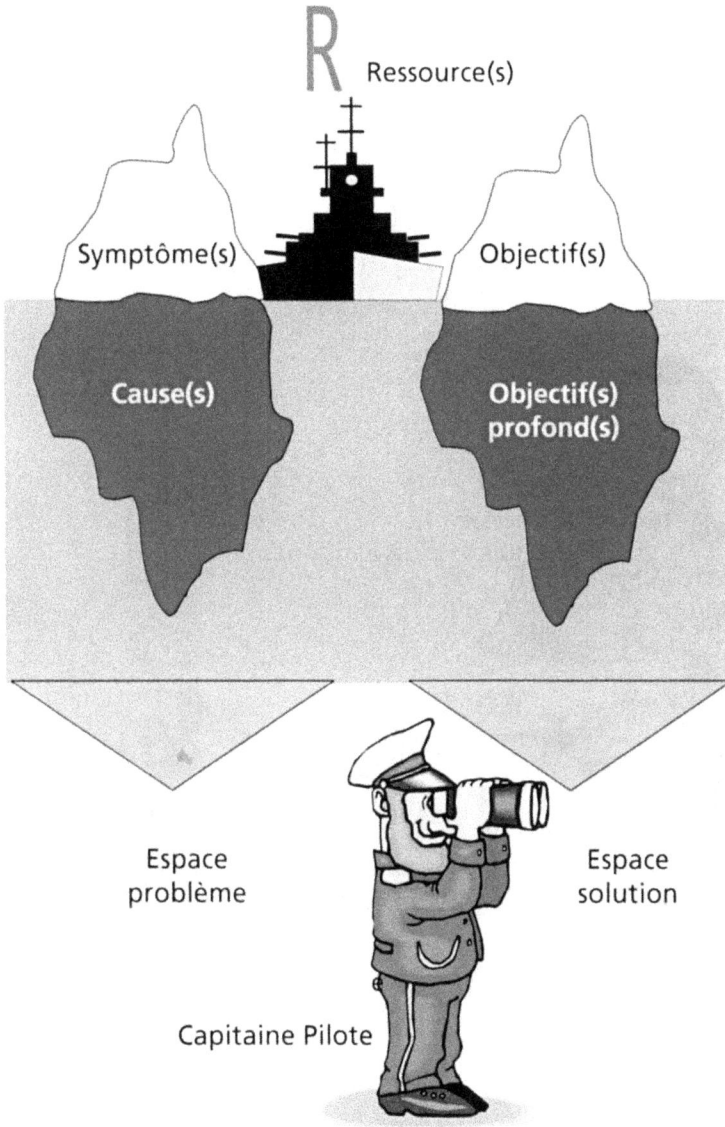

R Ressource(s)

Symptôme(s)

Objectif(s)

Cause(s)

Objectif(s) profond(s)

Espace problème

Espace solution

Capitaine Pilote

XVII

La technique des « galoches magiques »

Renvoi texte p. 174

Je suis en 3,
Je suis dissocié de moi,
Je suis dissocié de l'autre,
J'ai déjà essayé les
positions 1 et 2.

Je suis en 1,
Je suis associé à moi-même

Je suis en 2,
Je suis associé à l'autre

XVIII

Renvoi texte p. 181

Dissocié = Spectateur (moins d'émotions)

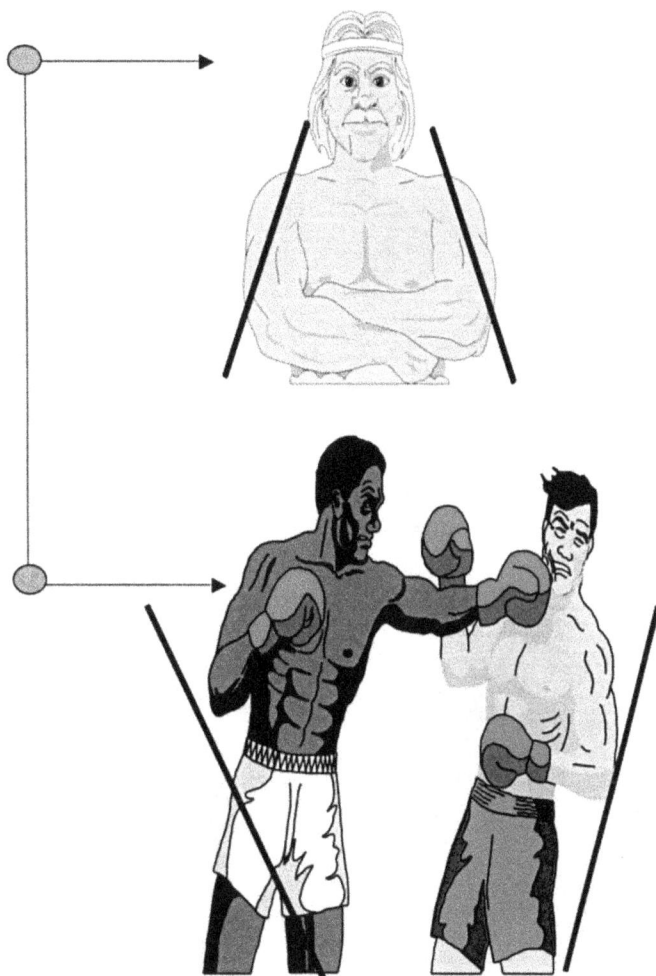

Associé = Acteur

IXX

SIMPLE DISSOCIATION

Dissocié

Associé

XX

Le cockpit du manager-coach

Renvoi texte p. 193

Le système VAS

Renvoi texte p. 194

Visuel

Auditif

Sensitif

XXII

Les profils « radars » :
La matrice des Profils Radar indispensable
pour établir des profils concrets

Renvoi texte p. 194

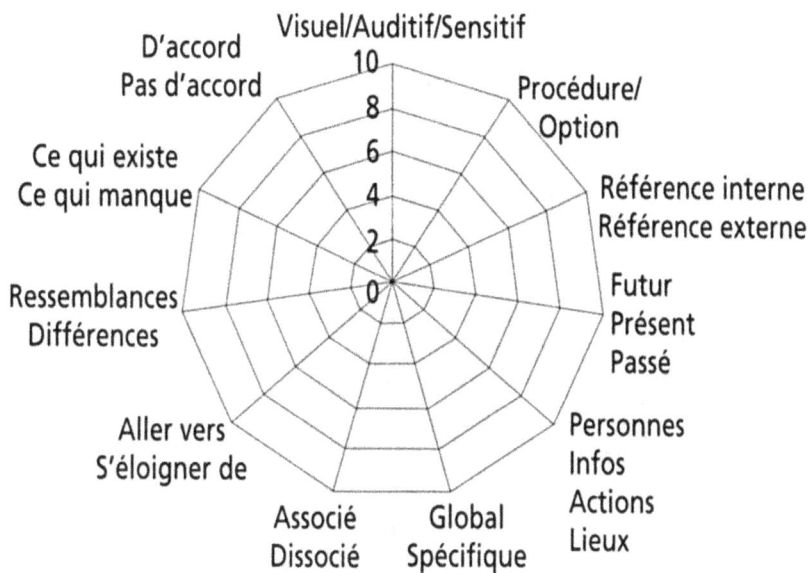

Visuel/Auditif/Sensitif

D'accord
Pas d'accord

Procédure/
Option

Ce qui existe
Ce qui manque

Référence interne
Référence externe

Ressemblances
Différences

Futur
Présent
Passé

Aller vers
S'éloigner de

Personnes
Infos
Actions
Lieux

Associé
Dissocié

Global
Spécifique

La banque de valeurs

Renvoi texte p. 195

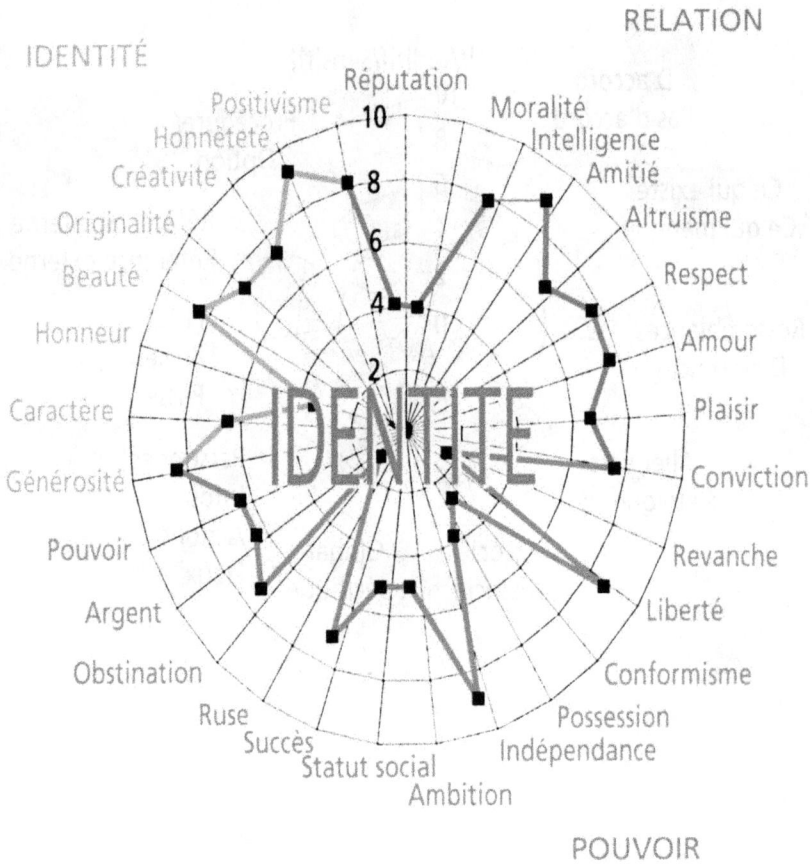

RELATION

IDENTITÉ

Réputation
Positivisme
Honnèteté
Créativité
Originalité
Beauté
Honneur
Caractère
Générosité
Pouvoir
Argent
Obstination
Ruse
Succès
Statut social
Ambition

Moralité
Intelligence
Amitié
Altruisme
Respect
Amour
Plaisir
Conviction
Revanche
Liberté
Conformisme
Possession
Indépendance

10
8
6
4
2

IDENTITÉ

POUVOIR

XXIV

Conjuguer les trois « H » *(head, heart, hand)*

Les Anglo-Saxons disent que l'Homme est un ensemble de **trois H** :

– *Head* et ses Processus Internes (**PI**) (pensées incluant la perception et la représentation) ;

– *Heart*, et ses États Internes (**EI**) (les émotions et les ressentis) ;

– *Hand* et ses Comportements Externes (**CE**) (les actions).

Exemple (cf. illustration schématique ci-dessous, avec dans le premier schéma une pomme verte et dans le second une pomme bleue) :

Je vois la pomme verte, (perception) je *la reconnais* car dans mes « banques de données » existe un modèle de la pomme granny (représentation), j'éprouve EI positif (envie), je prends la pomme (comportement).

Si la pomme est bleu vif, je ne *la reconnais pas*, j'éprouve EI troublé, négatif. Comportement déclenché : je refuse de prendre la pomme.

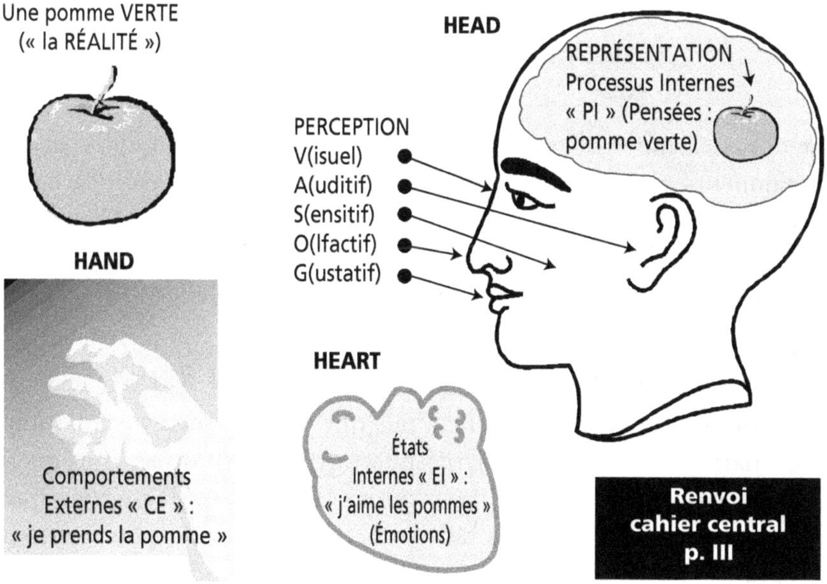

Une pomme VERTE
(« la RÉALITÉ »)

HEAD

REPRÉSENTATION
Processus Internes
« PI » (Pensées :
pomme verte)

PERCEPTION
V(isuel)
A(uditif)
S(ensitif)
O(lfactif)
G(ustatif)

HAND

HEART

Comportements
Externes « CE » :
« je prends la pomme »

États
Internes « EI » :
« j'aime les pommes »
(Émotions)

Renvoi
cahier central
p. III

LA BOÎTE À OUTILS

Une pomme BLEUE
(« la RÉALITÉ »)

HEAD

REPRÉSENTATION
Processus Internes
« PI » (Pensées :
pomme verte)

PERCEPTION
V(isuel)
A(uditif)
S(ensitif)
O(lfactif)
G(ustatif)

HAND

HEART

États
Internes « EI » :
« je suis troublé »
(Émotions)

Comportements
Externes « CE » :
« je ne prends pas la pomme »

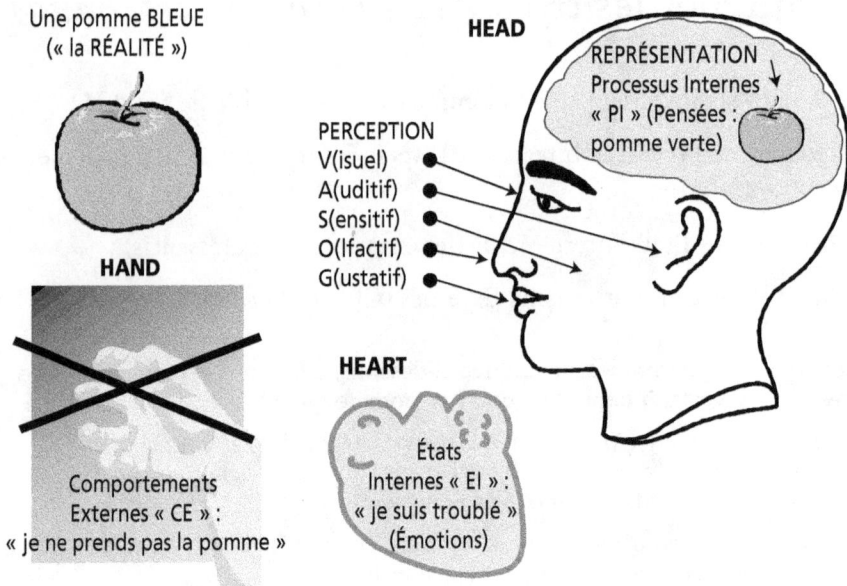

L'intelligence émotionnelle

Après les décennies du règne du Q.I., le discours sur le Q.E. – quotient émotionnel – ainsi que sur l'intelligence émotionnelle est relativement nouveau. En effet, les récents travaux du neurologue A. Damasio ont bouleversé notre vision des choses, un peu comme la physique quantique a bouleversé les paramètres de la physique traditionnelle.

L'opposition traditionnelle du rationnel et de l'irrationnel a toujours « relégué » les émotions au domaine de l'irrationnel. Les stages dans les entreprises ont fleuri sur des sujets tels que : « Maîtrisez vos émotions ». Le corollaire d'un tel titre est le présupposé que les émotions sont quelque chose de dangereux, et que l'on subit. Pourtant, s'il est vrai que le domaine émotionnel n'est pas rationnel, il n'est pas non plus irrationnel, mais plutôt non-rationnel.

© Éditions d'Organisation

Grâce aux récents travaux des neurologues, on s'est aperçu que les circuits neuronaux du néocortex, responsables de l'intelligence rationnelle, sont « court-circuités » par une boucle de raccourci qui transmet les données arrivant sur la rétine vers l'amygdale, partie du cerveau considérée comme le cerveau émotionnel, quelques micro-secondes avant que ces mêmes données arrivent au néocortex. L'amygdale traite les informations et réagit par l'émission d'une émotion qui n'est au début pas consciemment perçue comme telle. Pour être perçue et identifiée, il faut que l'émotion atteigne un certain degré d'intensité. Mais dans tous les cas, s'alignent à dire maintenant les neurologues, **l'émotion émise précède le traitement par le cerveau rationnel**. Ce qui bouleverse totalement notre vision des choses et toutes les théories des cognitivistes traditionnels[1].

Le manager-coach doit prendre en considération les émotions de l'équipe et des collaborateurs comme la production de l'intelligence émotionnelle qui, plus tard, sera « rationalisée » par les explications et les chaînes de raisonnement, afin de valider la première réaction viscérale.

_____

1. Cf. Daniel Goleman, *L'intelligence émotionnelle*, éditions J'ai lu, 2001, p. 41.

LA BOÎTE À OUTILS

- II -

Coacher,
c'est d'abord comprendre
comment « l'autre »
appréhende la réalité

À propos du fonctionnement cognitif[1]

La perception et la représentation simultanées

Chaque être humain possède cinq sens classiques : la vue, l'ouie, l'odorat, le goût, le toucher, ainsi que la capacité à « ressentir » des émotions diverses (joie, tristesse, allégresse, peine, etc.). L'Homme **appréhende** le monde grâce à ces cinq **entrées** d'information, que le système neurologique transmet au cerveau, décode, encode et maintient sous forme de perceptions ou de représentations.

De façon très schématique, on pourrait dire qu'il y a dans la tête deux « maisons de production » ; celle de **la perception** et celle de **la représentation**. C'est-à-dire que d'un coté, la personne **perçoit** le monde (La RÉALITÉ extérieure) et que de l'autre, elle le **représente**. Ces deux « productions » (d'images, sons, ressentis, odeurs) sont en marche constante et se superposent. Cela signifie que dans le flux de pensées et d'émotions continu provenant simultanément de ces deux « productions », la personne se trouve dans un certain **état de confusion** potentielle (puisqu'elle réagit et agit, sans s'en rendre compte, aussi bien à son interlocuteur qu'à son « cinéma intérieur »). C'est, entre autres, aussi pour cette raison qu'il existe beaucoup de risques de mauvaise compréhension et d'interprétations erronées quand les deux personnes interagissent...

Exemple :

Vous pouvez participer à une réunion de travail, et « voir », « entendre », donc *représenter* la scène de votre passé ou de votre futur en plus de *percevoir* le déroulement de la réunion.

---

1. **Déf. cognition** : processus par lequel un organisme acquiert la conscience des événements et objets de son environnement.

Exemple :

Si une personne redoute de prendre la parole sur un sujet difficile lors du prochain conseil d'administration, alors quand vient la journée fatidique, elle s'est déjà conditionnée pour l'échec (car tendue, elle s'exprime de façon médiocre). Elle constate alors autour d'elle des mines ironiques. Sa réalité intérieure devient La RÉALITÉ.

La « Réalité Personnelle Subjective »

Le conglomérat des deux « maisons de production » (à savoir celle de la perception et celle de la représentation) finit par créer une sorte de « réalité » de la réalité extérieure : la Réalité Personnelle Subjective.

La Réalité Personnelle de chacun n'est pas La RÉALITÉ. Ainsi, la Réalité Personnelle contient des raccourcis, des aberrations, des erreurs, des critères à la fois culturels, collectifs et individuels, dûs au parcours et à l'expérience de vie unique de la personne. Pour mieux comprendre comment la personne fonctionne (à commencer par soi-même), nous allons introduire de façon schématique et pragmatique quelques concepts qui faciliteront l'appréhension des mécanismes complexes.

Exemple :

La représentation n'est pas La RÉALITÉ. Il ne faut pas confondre les deux ; le mot « rose » n'a pas d'épines.

La Réalité Personnelle Subjective peut être comparée à la carte routière d'une région ; en aucun cas la carte est la région qu'elle représente. La région = la Réalité, la carte = la représentation de celle-ci à une certaine échelle. La carte est là pour nous aider à voyager dans la région. Ainsi, selon le célèbre précepte de A. Korzybski, fondateur de la sémantique générale : « la carte n'est pas le territoire ».

« la carte n'est pas le territoire »

C'est donc dans une large mesure l'idée que nous avons du monde (notre carte à nous et donc notre représentation) qui détermine notre perception de celui-ci, ainsi que les choix qui nous paraissent être à notre portée. Autrement dit :

– notre compréhension du monde n'est pas LE MONDE ;

– cette compréhension varie d'une personne à l'autre.

L'altérité

La notion d'altérité est la première que le manager-coach intègre à propos de l'Autre : l'Autre est Autre, différent de moi. Et quand cette différence se manifeste, il (l'Autre) ne le fait pas contre moi, ni exprès !

Par la suite, **le manager-coach intègre** cette notion d'altérité et la pratique comme une attitude quotidienne. Cela n'est pas simple car ça signifie avant tout qu'il faut respecter l'Autre dans sa différence. Hélas, on a tous tendance à croire que l'Autre pense comme nous, voit les choses de la même façon et que, s'il agit différemment, c'est soit qu'il est « bête », soit qu'il est « méchant » (car alors il agit « contre nous »), voire exprès pour nous énerver… Il est donc nécessaire de questionner l'Autre pour être sûr que l'on a compris la même chose que lui.

Exemple :

Récemment, le président d'une grande compagnie d'assurances s'est présenté à ses nouveaux collaborateurs en montrant une diapositive ayant la teneur suivante :

« **Entre**
Ce que je pense
Ce que je veux dire
Ce que je crois dire
Ce que je dis
Ce que vous voulez entendre
Ce que vous entendez
Ce que vous croyez comprendre
Ce que vous voulez comprendre
Et
Ce que vous comprenez
Il y a au moins neuf possibilités de ne pas s'entendre ! ».

Le manager-coach sait bien que **COMMUNIQUER, C'EST COMPRENDRE ET SE FAIRE COMPRENDRE. CHACUN EST DONC RESPONSABLE DE CE QU'IL COMMUNIQUE.**

Le filtrage de la réalité

On l'a vu, la Réalité Personnelle Subjective résulte de la transformation de la RÉALITÉ. Or, cette transformation s'effectue par trois types de filtres.

– Filtres neurologiques universels à l'espèce humaine

L'univers, tel qu'il apparaît par l'intermédiaire des sens, résulte de structures propres au cerveau et au système nerveux, déterminées génétiquement et particulières à chaque espèce. La réalité telle qu'elle nous parvient est donc déjà une création de l'espèce humaine. Nos perceptions visuelles sont différentes de celles d'un aigle, d'une mouche, d'un chat (surtout la nuit). Notre odorat n'est pas comparable au « flair » d'un chien, etc.

> **Exemple :**
>
> Nous utilisons le terme « inox » pour désigner l'acier inoxydable et dans notre quoti-
> dien, nous nous servons de couverts, casseroles, robinets, instruments en inox. Pour-
> tant, si nous prenons la peine d'observer ces objets au microscope, nous nous rendons
> compte que l'oxydation a bien lieu, sous forme de rouille en micro-plaques, mais elle
> reste invisible à l'œil nu. Notre vision imparfaite (filtre neurologique) nous fait donc
> croire que le métal reste inoxydé.

— Filtres socio-culturels

Par ses mythes, ses valeurs, son langage, chaque groupe humain a une
vision particulière du monde. La notre est différente de celle d'un Africain
ou de celle d'un Russe.

> **Exemple :**
>
> Lorsque vous demandez votre chemin à un passant dans certaines régions d'Afrique,
> celui-ci va vous répondre *pour vous être agréable*, même s'il ne connaît pas le chemin,
> vous faisant prendre une fausse direction. Non averti de cette coutume (filtre culturel
> N°1), vous allez juger ce comportement comme absurde, méchant, impoli, c'est-à-dire
> lui attribuer un sens de votre point de vue culturel (filtre culturel N° 2), d'où résulte
> une incompréhension.
>
> **Autres exemples :**
>
> Il est culturellement tabou dans certains pays d'Europe de parler d'argent. Ainsi, dans une
> entreprise française, les vrais salaires des dirigeants sont souvent « top secret », et même
> entre collègues, on mentionne rarement le montant de sa feuille de paye. Dans un autre
> contexte, aux US par exemple, les convives vont être beaucoup moins discrets à ce sujet, et
> les dirigeants n'hésiteront pas à afficher au mur leurs rémunérations dans l'entreprise...
>
> En Russe, le mot « cher » est connoté positivement ; chaque petite annonce dans les
> journaux spécialisés (services, leçons, etc.) finit par « très cher » !

— Filtres personnels

Le milieu socio-culturel, l'éducation reçue, l'influence personnelle exercée
par les parents et autres mentors importants, les multiples expériences
vécues ont façonné chaque histoire de vie de façon unique. Consciemment
ou non, chacun se fait une idée de sa valeur, de celle des autres, de ce qu'est
la vie et de ce qu'il peut en attendre.

© Éditions d'Organisation

Exemple :

La même RÉALITÉ peut être perçue et représentée par deux personnes de façon totalement différente. Par exemple, par rapport à un remarquable plat de couscous d'agneau partagé par trois convives, le premier dit : « c'est un régal, quel délice ! », le second : « quel plaisir des yeux, un vrai tableau ! », et le troisième : « j'avais raison, ça ne me disait rien le couscous du désert ». Il est évident que les trois convives utilisent chacun un filtre personnel de « langue » dominante différente : le premier sur le registre sensitif, le second sur le registre visuel et le troisième sur le registre auditif.

Les mécanismes cognitifs universels

La transformation de la Réalité s'effectue ensuite par trois mécanismes cognitifs universels.

– La sélection : nous faisons (inconsciemment) un choix

C'est le processus qui permet de filtrer les stimuli externes et internes de façon à n'en laisser entrer que certains dans le champ de la conscience. **La sélection est une des fonctions importantes du cerveau et de notre système nerveux. Elle nous évite d'être submergé par la masse des informations qui stimulent nos sens en permanence.**

Exemple :

Je dois aller voir mon patron. Je remarque tout de suite que sa porte d'habitude toujours ouverte est aujourd'hui fermée (mécanisme de sélection du détail).

– L'interprétation : nous attribuons du sens

C'est le processus par lequel nous modifions nos perceptions ou nos représentations. Nous utilisons ce processus pour façonner notre expérience de façon telle qu'elle puisse rester cohérente avec notre cadre de référence sélectionné. Ce mécanisme est également présent dans toute démarche créative ou artistique ainsi que dans toute situation d'anticipation du futur.

Exemple :

Si la porte de mon patron est fermée, je vais nécessairement apporter du sens : « c'est bizarre... Quelque chose est en train de se passer... Est-il de bonne disposition ? » (mécanisme d'interprétation). Or, une minute plus tard, je le vois ouvrir grand la porte en question et s'exclamer : « le problème dans ces locaux, c'est que lorsque la climatisation est en panne, il n'y a pas moyen d'ouvrir la fenêtre sans faire de courant d'air ! ».

Ces mécanismes peuvent être source soit de limitation, soit d'enrichissement personnel, selon la façon dont ils sont utilisés.

Exemple :

Un candidat annonce : « ... il m'a dit beaucoup de choses positives lors de mon entretien d'embauche mais aussi un « peut-être ». Par la suite, il se fixe sur ce « peut-être » (sélection) et lui donne un sens défavorable : « il ne va pas m'embaucher » (interprétation).

C'est la personne qui choisit sur quoi se fixer et c'est également elle qui a le choix de l'interprétation (positive ou négative).

Il faut que le manager-coach soit conscient de ces mécanismes de sélection et d'interprétation, et questionne la personne après avoir repéré ce qu'elle a sélectionné : « Quel sens trouvez-vous dans ce « peut-être ? », Qu'est-ce que cela veut dire pour vous ? », puis « et de façon générale », etc.

– La généralisation : nous étendons la conclusion

C'est le processus qui consiste à étendre à une catégorie entière de situations ou de personnes ce qui a été appris dans une seule ou dans un petit nombre de situations. Reposant sur des expériences du passé, les généralisations sont utilisées pour comprendre les situations présentes similaires ainsi que pour prédire les situations à venir.

Exemple :

Finalement, je modifie ma stratégie prévue et décide que je n'irai pas le voir aujourd'hui (« c'est toujours comme ça, dès que je décide de demander une augmentation, tout se met contre moi... Je n'ai vraiment pas de chance »).

Mécanismes
universels de
traitement
des données

Filtres

« RÉALITÉ
PERSONNELLE
SUBJECTIVE »

Une partie
de la RÉALITÉ

Neurologiques

Socio-culturels

Personnels

Sélection

Interprétation

Généralisation

PERCEPTION

REPRÉSENTATION
des réalités passées,
présentes, futures

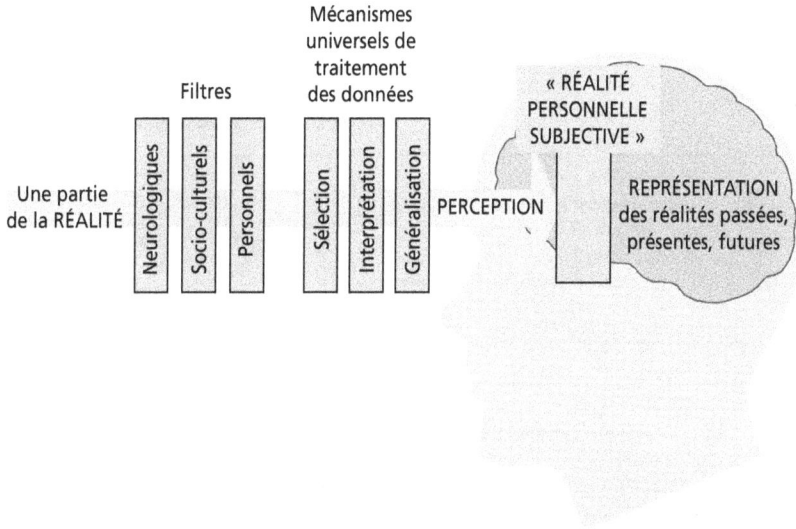

Schéma synthétique du fonctionnement cognitif

À décoder chez l'autre...

Décoder la forme : le « comment »
« Comment » l'Autre traite-t-il les données ?

– Décoder les principaux profils fonctionnels

Les « profils fonctionnels » sont des **mécanismes naturels** de fonctionnement du cerveau qui consistent à **trier l'information** en **privilégiant certains aspects** de La RÉALITÉ par rapport à d'autres. Ils constituent donc une sorte de « pré-câblage » tel un « schéma directeur » de la personne.

Les connaître sert à **anticiper la façon dont une personne va se comporter dans un contexte donné.**

LA BOITE À OUTILS

Décoder les profils fonctionnels de l'Autre, tout en connaissant les vôtres, sert à **améliorer votre interaction en anticipant vos éventuelles difficultés de fonctionnement et à éviter le risque de heurts et incompréhensions.**

Renvoi cahier central p. IV

1 La « LANGUE » ; le VAS

La personne privilégie-t-elle l'aspect visuel, auditif ou sensitif ?

À un déjeuner d'affaires :
– Visuel : « Quelle présentation formidable ! »
– Auditif : « La viande rouge, ça ne me dit rien »
– Sensitif : « On va se régaler »

Visuel

Auditif

Sensitif

2 Global/Spécifique

La personne dirige-t-elle son attention immédiatement sur l'aspect global des choses ou plutôt sur un/des détails ?

Qu'avez-vous fait hier ?
– Global : « Je suis allé travailler »
– Spécifique : « J'avais une visioconférence à 8 h 15,… »

Global

Spécifique

3 Procédure/Option

S'il faut faire quelque chose ou décider, la personne préfère-t-elle s'en tenir à ce qui est prévu, comme cela a déjà été fait, selon la même procédure, ou plutôt préfère-t-elle innover, choisir sa propre recette, faire autrement cette fois-ci ?

« Vous avez signé de nombreux contrats, comment avez-vous fait ? »
– Procédure : « J'ai reçu comme toujours les clients un à un, ai écouté leurs attentes pour leur montrer que la banque avait les produits dont ils avaient besoin »
– Option : « J'ai prévu de recevoir les clients un par un, mais finalement, j'ai improvisé une conférence »

Procédure

Option

4 Aller vers/Éviter

La personne qui parle préfère-t-elle **aller vers** un objectif ou s'éloigner des problèmes ?

« Pourquoi lancer ce nouveau produit ? »
– Aller vers : « Pour que la banque gagne de nouveaux clients »
– Éviter : « Pour ne pas perdre de clients »

Aller

Éviter

© Éditions d'Organisation

112

5 **Orientation dans le temps**

La personne relie-t-elle ce dont elle parle plutôt au passé, au présent ou au futur ?

« Qu'écrivez-vous ? »
– Le passé : « Je finis une note que j'ai commencé la semaine dernière »
– Le présent : « Je rédige une note d'information pour le conseil d'administration »
– Le futur : « J'écris une note pour le conseil d'administration de la semaine prochaine »

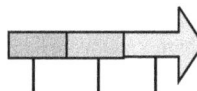

Passé Présent Futur

6 **Cadre de référence**

Pour choisir, décider, trancher, porter un jugement, la personne tient-elle plutôt compte de ses réactions intérieures ou de celles exprimées par les autres ?

« Pourquoi embaucher ce candidat ? »
– Référence interne : « Je le trouve plus qualifié que tous ceux que j'ai vus »
– Référence externe : « Son ancien employeur ne m'en a dit que du bien »

Référence interne

Référence externe

7 **Ce qui existe/Ce qui manque**

La personne remarque-t-elle en premier ce qui existe, ce qui manque ou évalue-t-elle en même temps ce qui existe et ce qui manque ?

« Où en êtes-vous dans votre travail ? »
– Ce qui existe : « On a terminé les phases 1 et 2 du projet »
– Ce qui manque : « Il nous reste la phase trois »
– La comparaison : « Nous sommes au deux tiers du projet »

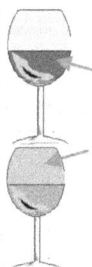

Ce qui existe

Ce qui manque

8 **Ressemblances/différences**

Le premier mouvement de la personne consiste-t-il à remarquer, noter, souligner les ressemblances ou les différences ?

« Comment trouvez-vous le nouveau directeur de la succursale ? »
– Ressemblances : « Il est aussi peu communicant que le précédent »
– Différences : « Il est plus jeune »

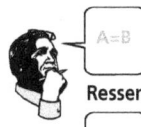

$A=B$

Ressemblances

$A \neq B$

Différences

LA BOITE À OUTILS

113

9 D'accord/Pas d'accord

La personne a-t-elle naturellement tendance à exprimer son désaccord ou à « chercher la petite bête » quand on lui présente une idée (réflexe auditeur, consultant), ou bien est-elle naturellement plutôt d'accord avec son/ses interlocuteurs, ouverte à des idées nouvelles ?

« Que pensez-vous de remplacer les machines à écrire par des ordinateurs ? »
– Pas d'accord : « C'est pas ça qui… ! »
– D'accord : « Voilà qui va dans le sens du changement ! »

NB : Pour contrer la personne « pas d'accord », essayez d'utiliser des phrases du type : « Ne pensez-vous pas qu'il ne serait pas inutile de… »

 OK D'accord

 OK Pas d'accord

10 Associé/Dissocié (acteur-spectateur)

La personne s'exprime-t-elle comme si elle était spectatrice ou comme si elle était actrice de l'action qu'elle décrit ?

Vous animez une réunion, décrivez la scène :
– Associé : « Je salue mes collaborateurs, je distribue l'ordre du jour… »
– Dissocié : « Je me vois entrer dans la salle de réunion, inviter mes collaborateurs à s'asseoir, … »

NB : Si la personne vous paraît « distante », il se peut qu'elle soit dissociée.

Dissocié

Associé

11 Tri primaire

À quoi s'intéresse la personne, de quoi parle-t-elle d'abord, quels aspects de la réalité sélectionne-t-elle avant tout ?

« Qu'avez-vous fait avec ce client ? »
– Les lieux : « Nous sommes allés au bord du lac »
– Les choses : « J'ai la signature »
– Les personnes : « Nous avons retrouvé M. X »
– Les actions/Les activités : « Nous avons pris une coupe de champagne »
– Les informations : « Dans sa situation patrimoniale, un nombre de choses… »

Lieux

Action

Choses

Informations

Personnes

11 profils faciles à décoder

114

NB : les profils cognitifs fonctionnels sont **contextualisés**. Une personne peut être « spécifique et procédure » dans un contexte donné (par exemple, professionnel : elle est comptable) et « global et option » dans un autre contexte (personnel). Ils ne permettent donc pas de « classer » définitivement la personne, d'effectuer une typologie figée.

Le manager-coach (en tant que coach et en tant que manager) doit développer sa propre souplesse sur l'axe de chaque profil fonctionnel et apprendre à passer de « procédure » à « option », etc.

Grille de décodage

	Profil 1	Profil 2	Profil 3	Profil 4	RAPPEL
Visuel, Auditif, sensitif = VAS					**Le canal VAS :** La personne est-elle visuelle, auditive, sensitive ?
Global/Spécifique					**Global/Spécifique :** La personne dirige-t-elle son attention immédiatement sur l'aspect global des choses ? ou plutôt sur un/des détails ?
Procédure/Option					**Procédure/Option :** La personne préfère-t-elle s'en tenir à ce qui est prévu ou innover ?
Aller vers/Éviter					**Aller vers/Éviter :** La personne qui parle préfère-t-elle aller vers un objectif ou éviter les difficultés ?
Passé, présent, futur					**Orientation dans le temps :** La personne relie-t-elle ce dont elle parle plutôt au passé, au présent, ou au futur ?
Référence interne/ Référence externe					**Cadre de référence :** Pour décider, la personne tient-elle plutôt compte de ses réactions intérieures ou de celles exprimées par les autres ?

LA BOITE À OUTILS

115

Ce qui existe/ Ce qui manque					**Ce qui existe/Ce qui manque :** La personne remarque-t-elle en premier ce qui existe, ce qui manque, ou évalue-t-elle en même temps ce qui existe et ce qui manque ?
Ressemblances/ Différences					**Ressemblances/Différences :** Le premier mouvement de la personne consiste-t-il à remarquer, noter, souligner les ressemblances ou les différences ?
D'accord/Pas d'accord					**D'accord/Pas d'accord :** La personne a-t-elle tendance à exprimer son désaccord quand on lui présente une idée, ou bien est-elle plutôt d'accord avec son/ses interlocuteurs, ouverte à des idées nouvelles ?
Associé/Dissocié					**Associé/Dissocié :** La personne s'exprime-t-elle comme une spectatrice ou comme une actrice de la scène qu'elle raconte ?
Tri primaire : lieux, choses, personnes, informations, actions					**Tri primaire :** À quoi s'intéresse la personne, de quoi parle-t-elle d'abord, quels aspects de la réalité sélectionne-t-elle avant tout ?

Exemples de profils « radars »

Renvoi cahier central
p. VII

Voici la matrice vide d'un profil « radar » personnel (la graduation permet d'apprécier l'intensité de chaque critère) :

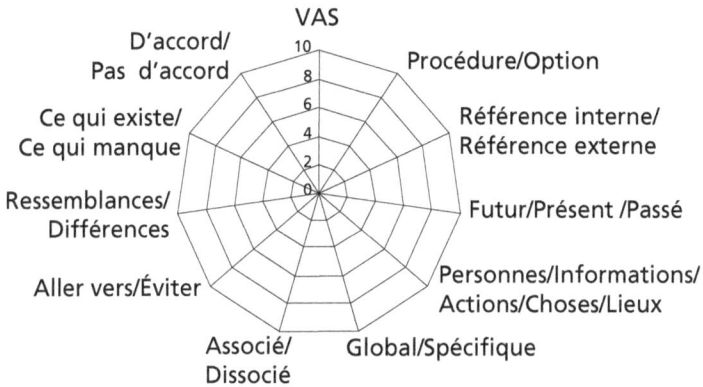

Voici l'exemple d'un profil « radar » de coaché :

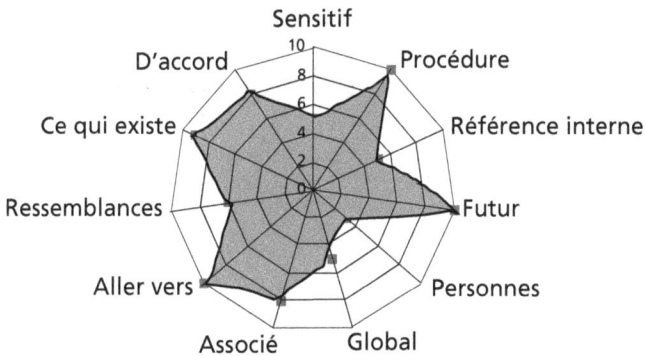

117

Voici maintenant l'exemple d'un profil « radar » de manager-coach :

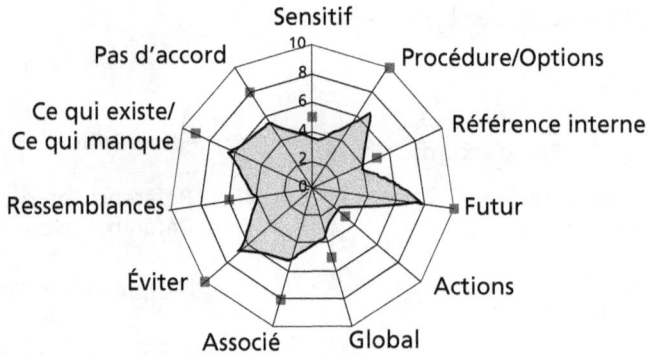

Le manager-coach doit prévoir l'interaction entre lui et son collaborateur coaché en superposant leurs deux profils « radars » : cette superposition laisse apparaître les **zones de risque (heurts ou mésentente)**. En fonction de cela, le manager-coach établit sa stratégie d'interaction mais aussi de coaching.

Ainsi, pour finir, voici la superposition des deux profils « radars » :

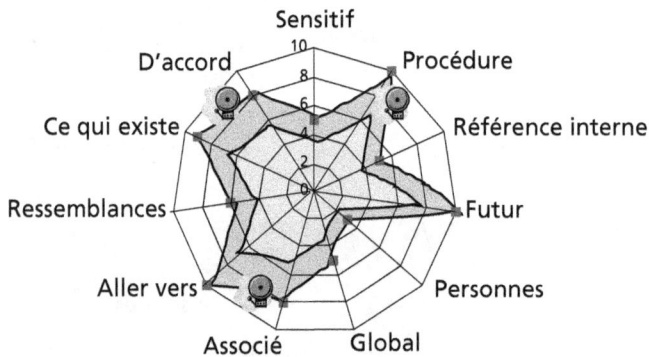

= Zone à risques

© Éditions d'Organisation

Les situations problématiques vont spontanément se créer si ni l'un ni l'autre ne sont au courant de la divergence de leurs profils fonctionnels, potentiellement source de malentendus, conflits, résultants d'une interprétation erronée.

Exemple :

Dans une situation où il était initialement prévu de procéder d'une certaine façon, le patron décide d'opérer autrement (option). Le subordonné se sent alors frustré, va le montrer (associé) et invoquer le fait que l'on a « toujours fait comme ça » (ce qui existe). Le patron, extérieurement impassible (dissocié), va insister sur ce qui n'est pas atteint (ce qui manque) précisément parce que on a toujours fait comme ça. L'un comme l'autre vont interpréter, c'est-à-dire donner du sens, et l'état émotionnel de chacun va « colorer » l'interprétation de façon positive ou négative. Dans ce cas précis, les conclusions recueillies des deux côtés furent très virulentes.

Cet exemple montre comme il est difficile d'accepter l'Altérité. Or, savoir que l'Autre est autre, différent (de soi), comprendre cela grâce aux profils fonctionnels illustrant cette Altérité est d'une grande utilité.

– Décoder la « langue » utilisée

Un profil fonctionnel tel que la « langue » dominante permet au manager-coach d'appréhender rapidement la Réalité Personnelle Subjective du coaché et de se mettre sur « la même longueur d'onde » que lui, afin d'améliorer le climat d'interaction : car **la Relation est directement dépendante du degré de proxémie des profils fonctionnels du manager-coach et du coaché.** C'est pour cela que le manager-coach doit développer en lui la capacité de décoder le profil (la « langue » sensorielle dominante) du coaché...

Quelle langue l'« Autre » utilise-t-il (visuelle, auditive, sensitive) ?

Il s'avère qu'à l'intérieur de chaque langue, telle que le français, il existe trois « langues » bien différentes qui, comme des facettes, réfléchissent la lumière, « colorent » la Réalité de trois façons : Visuelle, Auditive, Sensitive. Le contenu (le message verbal), en passant par ces trois formes différentes, prend parfois une coloration qui le rend incompréhensible aux utilisateurs des deux autres registres. Il arrive donc que le contenu ne passe pas du tout ou tout au moins, passe mal. En voici l'illustration à travers trois discours, dont la trame sémantique est identique mais qui revêtent les trois « langues » correspondantes.

– Discours visuel

« Ce projet doit mettre en lumière et dessiner les contours d'une vraie solution, et cela de tous les points de vue. Or, il est évident qu'il y a des zones d'ombre importantes. On voit nettement qu'il existe des zooms différents et que l'on ne voit pas les choses de la même façon. Certains angles de vue (comme celui de la Bourse) risquent la myopie : il ne faut pas toujours se fixer sur les perspectives, il faut aussi savoir regarder en arrière pour avoir une vue à 360°… Pour mieux envisager les projections, regardons de près celles de nos consultants, dont la vision nous paraît claire car leurs schémas, comme des jumelles, permettent de voir loin tout en distinguant les détails. Nous avons décidé de re-visionner en kaléidoscope les slides présentés pour mieux souligner les zones communes lors de notre prochaine réunion. »

– Discours auditif

« Ce projet doit sonner harmonieusement aux oreilles de tous, tel un langage résolument neuf. Il ne s'agit pas de nous mettre au diapason du marché, ni de céder au chant des sirènes de la Bourse. Le son de cloche est différent de chaque côté. La dissonance de nos voix respectives est grande. On a beau prêter une oreille attentive à toutes les voix et nous efforcer de les écouter, seul le discours de nos consultants sonne juste. Leur message, sans aucune fausse note et bien orchestré, va naturellement à l'unisson du nôtre. Notre réunion s'est terminée sur ce constat de désaccord et nous devons tous mieux accorder nos violons pour la prochaine fois si nous voulons jouer ensemble, tel un orchestre… »

– Discours sensitif

« Ce projet n'est pas encore suffisamment solide. Il ne tient pas debout du fait que, dès la mise en route de la réunion, chacun a défendu son territoire et tiré sur les autres. Notre sentiment est que cela ne peut pas marcher. Ceux de la Bourse veulent arracher notre accord, mais en même temps se dégagent de leurs promesses. Les consultants, qui ont les pieds sur terre, sont les seuls à percuter les différents aspects du

© Éditions d'Organisation

risque que l'on coure. D'ailleurs, ils ont le sentiment tout comme nous que tant que tout le monde tirera la couverture à soi, on ne pourra pas construire ensemble de façon durable... La prochaine fois, il va falloir se mouiller un peu plus si vous voulez que l'on joue ensemble sur le terrain et que l'on gagne. »

Renvoi cahier central
p. IX

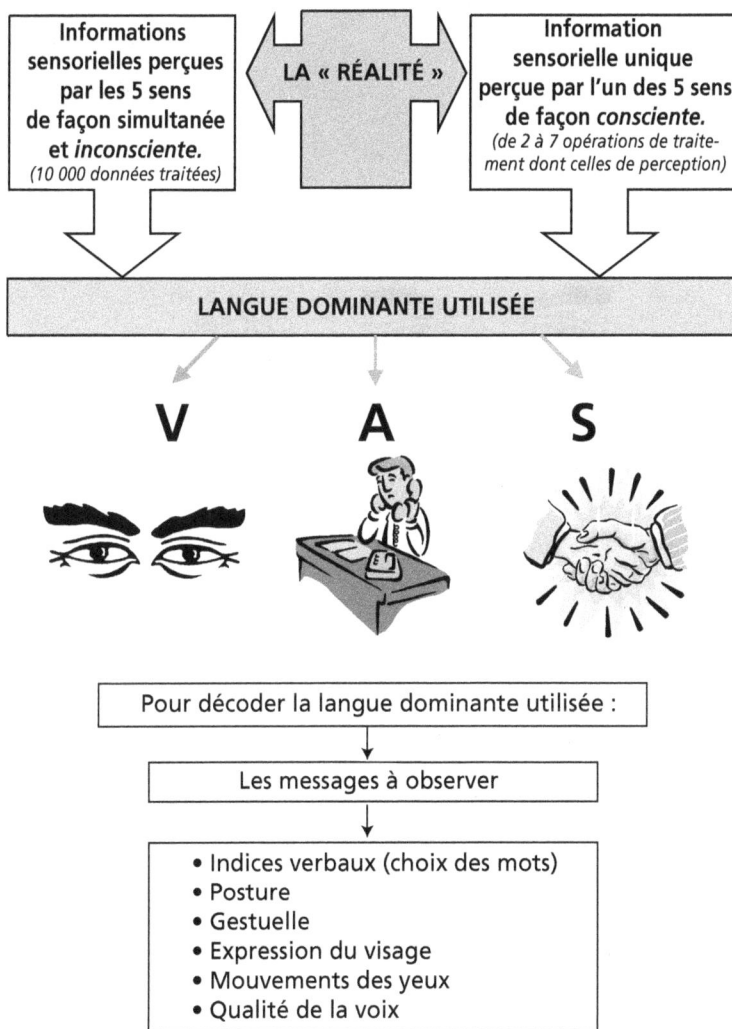

| Informations sensorielles perçues par les 5 sens de façon simultanée et *inconsciente.* (10 000 données traitées) | LA « RÉALITÉ » | Information sensorielle unique perçue par l'un des 5 sens de façon *consciente.* (de 2 à 7 opérations de traitement dont celles de perception) |

LANGUE DOMINANTE UTILISÉE

V   A   S

Pour décoder la langue dominante utilisée :

Les messages à observer

- Indices verbaux (choix des mots)
- Posture
- Gestuelle
- Expression du visage
- Mouvements des yeux
- Qualité de la voix

LA BOITE À OUTILS

121

À ces trois « langues » s'ajoute un **discours neutre** :

« Le projet destiné aux clients, censé être innovent et compris comme tel par eux, est pour l'instant en difficulté à cause de l'incapacité des uns et des autres à se comprendre. Ils se concertent mais seuls les consultants semblent comprendre certaines choses qui nous sont chères. Il va falloir mieux appréhender les besoins respectifs des uns et des autres pour collaborer efficacement. »

Renvoi cahier central
p. X

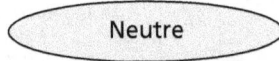

N Neutre — Je comprends bien

V Visuel — Je vois bien / C'est clair / De mon point de vue

A Auditif — Je me dis / Cela me parle / Ça sonne juste

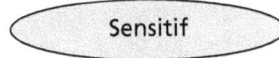

S Sensitif — C'est du solide / Ça tient debout / J'ai le sentiment

« Trois langues et un discours neutre : N-V-A-S »

Décoder à partir des mots

Il faut prêter attention aux verbes et expressions à base **sensorielle** (auditifs, visuels, sensitifs) utilisés de façon **réflexe, automatique** et qui indiquent la « **langue** » **dominante utilisée** à un instant donné.

La stratégie du manager-coach consiste à :

– 1. Écouter les mots de l'interlocuteur (surtout les verbes et expressions) ;

– 2. Identifier la « Langue » dominante ;

– 3. S'« accorder » (se mettre sur la même longueur d'onde que le coaché), **aller vers, être résilient**, et donc introduire dans son discours les éléments de la langue dominante de l'Autre.

L'objectif est de savoir **parler les trois** « **langues** » (visuelle, auditive, sensitive), de devenir véritablement « **trilingue** » **à l'intérieur de sa langue maternelle pour pouvoir parler la même langue que l'interlocuteur.**

LA BOITE À OUTILS

– Expressions visuelles :

V

- ✔ Je vois clairement
- ✔ Observez attentivement
- ✔ C'est obscur
- ✔ Un plan bien défini
- ✔ Je ne peux plus le voir
- ✔ Mettre un point de vue en lumière
- ✔ Porter son regard sur
- ✔ Un aspect net
- ✔ Perspective nouvelle
- ✔ Voir des mirages
- ✔ Clarté/Obscurité
- ✔ Trait pour trait
- ✔ D'aspect agréable
- ✔ Préciser son point de vue
- ✔ Se figurer – s'imaginer
- ✔ Être aveugle à
- ✔ Au premier coup d'œil
- ✔ Dessiner des plans
- ✔ Il est clair que…
- ✔ Il ne voit pas clair en lui
- ✔ Avoir une vision d'ensemble
- ✔ « Idées noires »
- ✔ À la lumière de
- ✔ Tout un cinéma
- ✔ Être aveuglé
- ✔ Angle - Trait
- ✔ Regarder - Fixer
- ✔ Souligner - Dépeindre
- ✔ Point central - Tableau
- ✔ Dessiner
- ✔ Apparaître
- ✔ Image - Imaginer
- ✔ Au vu – À vue d'œil
- ✔ Apercevoir
- ✔ Illustrer
- ✔ Délimiter
- ✔ Graphique
- ✔ Montrer

– **Expressions auditives :**

A

- ✔ J'entends bien…
- ✔ Ouvrez bien grand les oreilles
- ✔ Écouter
- ✔ Cela ressemble à une cacophonie
- ✔ Un projet qui sonne juste
- ✔ Je ne m'entends plus avec lui
- ✔ Faire entendre une idée
- ✔ Prêter l'oreille
- ✔ Un ton direct
- ✔ Langage neuf
- ✔ Entendre le chant des sirènes
- ✔ Harmonie/Dysharmonie
- ✔ Mot à mot
- ✔ De conversation agréable
- ✔ Déclarer ses intentions
- ✔ Entendre des voix
- ✔ Être sourd à
- ✔ Dès les premiers mots
- ✔ Orchestrer, mettre en musique
- ✔ Plein les oreilles
- ✔ Mettre en sourdine
- ✔ Ça ne me dit rien
- ✔ Porte-parole
- ✔ À l'unisson
- ✔ Entonner - Résonner
- ✔ Se demander
- ✔ Discuter
- ✔ Fortissimo - Bémol
- ✔ Se mettre au diapason
- ✔ Sonner
- ✔ Râler
- ✔ Entendre
- ✔ Fracas
- ✔ Harmoniser
- ✔ Assourdir
- ✔ Voix

LA BOITE À OUTILS

– Expressions sensitives :

S

- ✔ Je le sens bien
- ✔ Faîtes marcher vos méninges
- ✔ Capter
- ✔ Cela ne tient pas debout
- ✔ Une idée qui tient la route
- ✔ Je ne peux plus le supporter
- ✔ Faire passer une opinion
- ✔ Être sensible à
- ✔ Une approche franche
- ✔ Pas à pas
- ✔ Agréable - Désagréable
- ✔ De contact agréable
- ✔ Faire ressortir son idée
- ✔ Se mettre le doigt dans l'œil
- ✔ Ne pas saisir
- ✔ Au premier contact
- ✔ Mettre des choses en route
- ✔ J'ai la nette sensation que
- ✔ Pousser quelqu'un en avant
- ✔ Il est insensible à
- ✔ Dur comme fer
- ✔ Main dans la main
- ✔ Je ne vous suis pas
- ✔ Lâcher le morceau
- ✔ Rassembler
- ✔ Sentir, Manipuler
- ✔ Prendre des coups
- ✔ Mettre la main sur
- ✔ Faire un geste
- ✔ En un mouvement
- ✔ Chaleureux - Douloureux
- ✔ Mettre
- ✔ Agitation
- ✔ Toucher
- ✔ Choc
- ✔ Aplanir
- ✔ Chatouiller
- ✔ Sensible

© Éditions d'Organisation

– Décoder à partir des comportements et attitudes corporelles

Renvoi cahier central p. XI

Le Visuel :
Posture : raide, se tient droit et ne s'affale jamais (le visuel a souvent mal au dos et à la nuque car pour se construire des images « dans la tête », on a tendance à raidir involontairement les muscles du cou).
Physique :
– souvent mince,
– gestes vers le haut.
Respiration : rapide, superficielle et située dans la partie haute de la poitrine.
Voix / Débit :
– débit rapide (cela s'explique par le fait que les images défilent à toute vitesse dans sa tête et qu'il essaie de les « rattraper »).
– voix haute, monotone.
Expressions : mots visuels : « c'est clair », « je vois »...
Clés visuelles : les yeux vers le ciel.

Les yeux
vers le ciel

L'Auditif :
Posture : position typique dite « écoute téléphonique » ; légèrement penché sur son interlocuteur, il sait mieux écouter que le visuel.
Physique :
– le corps exprime qu'il est à l'écoute,
– gestes plus amples.
Respiration : respiration plus lente située au milieu de la poitrine.
Voix / Débit :
– débit plus lent,
– voix plus ample, plus grave, richesse particulière d'intonations, de modulations.
Expressions : mots auditifs : « Ça me parle », « J'entends bien », « Ça ne me dit rien ».
Clés visuelles : les yeux vers le centre.

Les yeux
vers le centre

LA BOITE À OUTILS

Le Sensitif :
   Posture : à l'aise dans son corps, toujours très confortablement installé.
   Physique :
      – Souvent, il aime la bonne chair,
      – Gestes amples, dirigés vers le bas.
   Respiration : lente, par le ventre.
   Voix / Débit : parle lentement.
   Expressions : « Ça ne tient pas debout », « Ça c'est du solide », « On marche la main dans la main avec ce consultant ».
   Clés visuelles : les yeux vers le bas car il est dans le ressenti.

Les yeux
vers le bas

NB : sur la population, statistiquement la majorité sont visuels ou sensitifs. Souvent, les auditifs exercent les professions correspondantes : présentateurs de radio, de télévision, musiciens, orthophonistes. Ils représentent environ 14% de la population. La majorité des personnes ont un type mixte, dont les plus fréquents sont :

— le visuel sensitif : il voit et alors il ressent,

— le sensitif visuel : il ressent et alors il voit (se représente la Réalité en mode visuel).

Décoder à partir des mouvements d'yeux

Décrypter les mouvements **involontaires** des yeux permet de décoder ce qu'il se passe dans la tête de la personne **au moment même où elle parle** :

— soit elle produit une image : $V(i)$ = visuel interne ;

— soit elle ressent une émotion : $S(i)$ = sensitif interne ;

— soit elle se parle : $A(i)$ = auditif interne.

© Éditions d'Organisation

Décoder le contenu : le « Quoi »
De « quoi » l'Autre choisit-il de traiter ?

– *Décoder les croyances*

Une croyance est une affirmation personnelle qui porte sur la perception que nous avons de nous-mêmes, des autres, du monde en général.

Les croyances s'organisent, tels les éléments d'une charpente, en un **système de croyances** qui se construit sur les bases de **l'expérience personnelle, et non sur celles de la logique.** Ce système est **largement inconscient** et constitue un ensemble de postulats implicites (présupposés, interprétations, décisions). **Les comportements de la personne en découlent.**

Une fois qu'une personne a adopté une croyance, elle a tendance à la perpétuer en **filtrant** ou en **déformant** ce qui ne concorde pas avec elle. La croyance sera donc considérée comme « vraie », même face à des contre-exemples observables. La cohérence de la Réalité Personnelle Subjective peut ainsi être maintenue.

Les différentes formes de croyances

Croyance : Terme générique. Affirmation consciente ou inconsciente à propos de ce que nous croyons vrai. Porte sur soi-même, sur les autres, sur le monde.	**PRO**	**PERSO**
		Il faut rester jeune physiquement
Présupposition : Assertion implicite. N'apparaît pas en clair dans le discours, mais doit être vrai pour que ce qui se dit ait un sens.	**PRO**	**PERSO**
		On Vieillit
Critères : Standards et caractéristiques utilisés pour évaluer une personne, une chose, une situation, un lieu, ...	**PRO**	**PERSO**
		Mince Pas ridé

Valeurs : Critères élevés dans la hiérarchie des critères. Utilisées pour évaluer ce que nous estimons être bien, bon, beau, d'un point de vue moral ou esthétique.	PRO	PERSO
		Beauté Dynamisme Jeunesse
Équivalents de critère : Éléments observables qui montrent, démontrent, prouvent que le critère ou la valeur sont atteints, satisfaits ou, au contraire, violés.	PRO	PERSO
		Peau lisse
Règle : Croyance à propos de ce qu'on doit faire ou ne pas faire, dire ou ne pas dire, penser ou ne pas penser, …	PRO	PERSO
		Il faut aller chez l'esthéticienne, en salle de gym

Les enjeux et l'impact des croyances

Les croyances sont aidantes si elles permettent la réalisation de l'objectif précis et limitantes si elles ne le permettent pas ; elles ne sont donc pas en soi bonnes ou mauvaises. Si une personne réussit ou réalise ses objectifs, c'est qu'elle s'appuie sur ses **croyances aidantes**.

Exemple :

Lors d'une interview, G. Depardieu a dit : « Je suis devenu acteur parce que je croyais que j'en étais capable ».

Souvent, les personnes sont arrêtées dans leur(s) réalisation(s) par leur(s) **croyance(s) limitante(s)** (ce phénomène d'auto-limitation les empêche d'atteindre leurs objectifs).

Exemple :

L'haltérophile champion du monde Alexeev, persuadé que personne ne pouvait soulever plus de cinq cents livres, n'y parvint que le jour où son entraîneur se trompa en sous-estimant le poids. Dès lors, constatant que c'était possible, il battit encore des records.

Autre exemple très répandu : la pratique de l'apprentissage des langues étrangères, et notamment de l'anglais, telle qu'elle existe en France. Les responsables d'entreprise envoient leurs « troupes » en stage de langue avec un certain sentiment de résignation, estimant que « les Français ne sont pas doués pour les langues », que « l'anglais est difficile ». La croyance est ici limitante par rapport à l'objectif de s'améliorer de façon spectaculaire en anglais.

– Décoder les critères et les valeurs

Chacun de nous est en permanence en train **d'attribuer une signification** à ce qu'il vit. C'est un **processus continu d'interprétation** qui a une place centrale dans la cognition et la communication et dont nos comportements découlent. Les significations que nous attribuons ainsi sans cesse sont le résultat de mécanismes (dont nous n'avons pas nécessairement conscience) chargés de maintenir la cohérence de notre Réalité Personnelle Subjective. Autrement dit, chacun d'entre nous évalue les événements, les choses, les personnes en fonction de **critères** (caractéristiques importantes à nos yeux) omniprésents qui sont :

– personnels, spécifiques à chacun ;

– relativement stables.

Pour qu'une expérience soit considérée comme positive ou désirable, elle doit satisfaire certains critères qui nous sont personnels, et c'est ainsi que les choix de vie, les décisions que nous prenons, ne peuvent être compris qu'à la lumière des critères d'évaluation que nous avons utilisés. Les critères jouent également dans notre perception un **rôle de filtre** permanent : nous n'attachons d'importance qu'à ce qui correspond à nos critères et laissons de côté ce pourquoi nous n'avons pas de critères d'évaluation.

Exemple :

– « Quelles qualités attendez-vous d'un collaborateur ? »
– Critères : « Qu'il soit intelligent et travailleur »

Ainsi, cette personne n'attachera peut-être aucune importance à la créativité ou à l'autonomie.

LA BOITE À OUTILS

Il est important de connaître les critères des autres, et pour cela, il faut les interroger sur leurs critères spécifiques.

Exemple d'une conversation :

« Je vais te faire un bon petit café » m'a dit un collègue en me servant un café trop corsé, sans sucre, pur arabica. Un désastre ! (Je l'aime tiède, bien sucré et plutôt robusta). Il aurait suffit qu'il me demande « Comment tu l'aimes, ton café ? », pour connaître mes critères et éviter le « flop ». Décidément, il a besoin d'être coaché pour percuter l'Altérité !

L'échelle des critères

Nous n'attachons pas la même importance à chacun de nos critères. Quand il faut choisir la satisfaction d'un critère au détriment de la satisfaction d'un autre, il est rare que nous ayons à hésiter longtemps, nous « savons » que ce critère a, pour nous, plus d'importance qu'un autre.

Exemple :

Pour quelqu'un, un bon collaborateur est :

– « autonome »,
– « discret »,
– « efficace ».

Et quitte à ne choisir qu'un seul de ces points, il faut qu'il soit « efficace ».

La « banque » des valeurs

Les valeurs sont **les critères qui sont pour nous les plus importants et qui guident nos choix fondamentaux.** Il est intéressant pour chacun d'avoir conscience de ses propres valeurs.

Nous avons regroupé les valeurs les plus fréquemment rencontrées lors des séances de coaching dans la banque des valeurs universelle présentée ci-dessous. Elles se classent en trois grands groupes, selon qu'elles se rapportent à la Personne, à la Relation avec les Autres ou à l'interaction de la Personne avec la Société. Ces trois articulations sont généralement présentes dans la banque des valeurs personnelle que constitue le noyau de l'identité de chacun.

Renvoi cahier central p. XIII

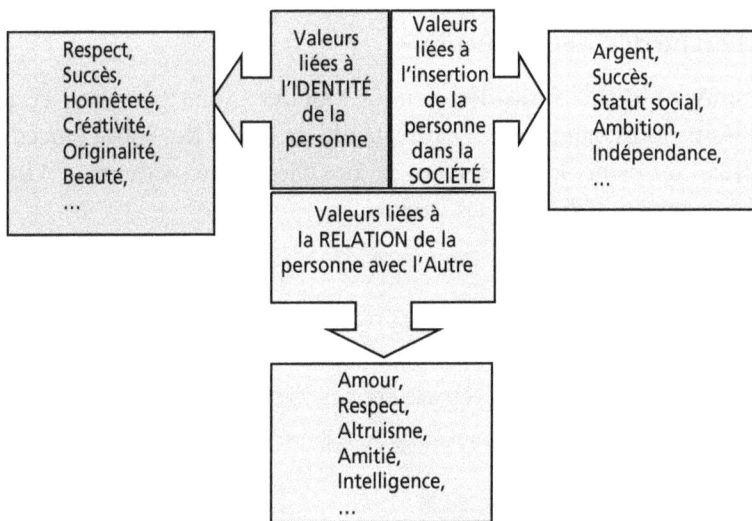

Respect, Succès, Honnêteté, Créativité, Originalité, Beauté, ...	←	Valeurs liées à l'IDENTITÉ de la personne	Valeurs liées à l'insertion de la personne dans la SOCIÉTÉ	→ Argent, Succès, Statut social, Ambition, Indépendance, ...

Valeurs liées à la RELATION de la personne avec l'Autre

↓

Amour,
Respect,
Altruisme,
Amitié,
Intelligence,
...

Renvoi cahier central p. XIV

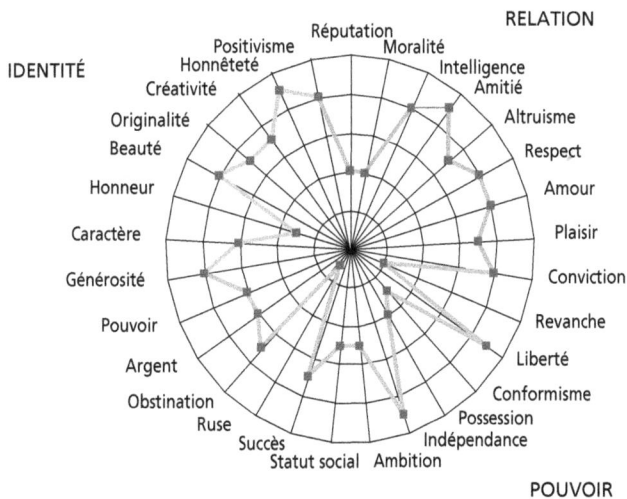

« *Exemple d'une banque de valeurs personnelle* »

LA BOITE À OUTILS

133

Ainsi se joue l'altérité : une personne peut avoir des valeurs très différentes ou assez similaires aux vôtres mais dans ce cas-là hiérarchisées différemment, ce qui rendra le système de valeurs résultant différent du vôtre.

La recherche des « anti-valeurs »

Il est souvent difficile de décoder les valeurs d'une personne et par là même ses propres valeurs. Il est plus facile de partir des intolérances (dont on a plus conscience), et de trouver ainsi les « anti-valeurs ». Une fois trouvées, nous en déduirons les valeurs.

Exercice :

=> Listez pour chacun des thèmes ci-après figurant dans le tableau cinq intolérances majeures (décodez) ;

=> Combinez-les et déduisez-en l'échelle des anti-valeurs correspondantes ;

=> Puis traduisez les anti-valeurs obtenues en valeurs véritables.

	Une assistante catastrophique	Un consultant catastrophique	Un actionnaire catastrophique	Un manager catastrophique
1				
2				
3				
4				
5				

La recherche des valeurs

Exercice :

=> Listez cinq « valeurs » importantes (décodez) ;

=> Classez-les ensuite à chaque fois par ordre d'importance (hiérarchisez) ;

=> Combinez-les et déduisez-en l'échelle des valeurs correspondantes (traduisez).

La hiérarchisation des valeurs

Il s'agit de :

– décoder les valeurs ;

– hiérarchiser les valeurs identifiées ;

– puis de les traduire en critères et équivalents de critères et d'identifier les comportements qui en découlent.

VALEURS	CRITÈRES	ÉQUIVALENTS CRITÈRES	COMPORTEMENT QUI EN DÉCOULE
Confort	Chaussures confortables	1/2 pointure au-dessus de ma taille, même avec 10 cm de talons	J'achète uniquement des chaussures italiennes à cause des 1/2 tailles

Décoder les « chantiers internes transversaux » ou « master-cadres »

Les « master-cadres » sont des cadres de « chantiers transversaux » qui caractérisent, comme un dénominateur commun, la **finalité profonde** propre à la personne en question : une sorte de « chantier interne » que nous travaillons tout au long de notre vie. Ils sont au nombre de neuf profils purs :

N 1 : LE PERFECTIONNISTE ;

N 2 : CELUI QUI CHERCHE LA RECONNAISSANCE ;

N 3 : LE BATTANT ;

N 4 : LE ROMANTIQUE ;

N 5 : L'OBSERVATEUR ;

N 6 : LE LOYALISTE ;

N 7 : L'ÉPICURIEN ;

N 8 : LE BOSS ;

N 9 : LE MÉDIATEUR.

À ces profils purs (décrits dans de nombreux ouvrages traitant d'énneagramme) s'ajoutent différentes combinaisons possibles (les profils purs sont rares et il s'agit généralement de profils mixtes).

Cette typologie fort ancienne est cependant réductrice (comme chaque typologie). Son intérêt est qu'elle « classe » les personnes **à partir de leurs comportements ou attitudes observables, à partir de leurs buts recherchés et évitements respectifs** qui tendent tout de suite vers un « master-cadre » spécifique.

Prenons pour exemple le cas des personnes « Battantes ». Elles sont facilement reconnaissables parce qu'elles débordent d'activités, qu'elles réussissent généralement ce qu'elles font et qu'elles n'envisagent jamais l'échec. La finalité pour elles est de produire un résultat et elles sont très fortement « références internes », donc seuls juges de ce qui a marché ou pas. Elles agissent **pour faire** et non, contrairement à « Celui qui cherche la Reconnaissance », **pour être aimé ou reconnu**. Ce sera donc très différemment que l'on approchera l'un ou l'autre de ces « master-cadres » spécifiques.

© Éditions d'Organisation

Il faut découvrir précisément « la partie cachée de l'iceberg » de l'objectif de l'autre : dans le cas évoqué ci-dessus, si vous dirigez les deux de la même façon vous allez frustrer énormément « Celui qui cherche la Reconnaissance » car, au delà de faire, il cherche à apaiser le « syndrome de l'abandon » qu'il vit en permanence.

Pour un manager-coach, il me semble très utile d'avoir une idée d'un tel dénominateur commun de la personnalité (à savoir la finalité profonde) et d'observer la dynamique de l'équipe où les personnes interagissent avec leurs « chantiers » respectifs.

Respecter la cohérence de la « réalité personnelle subjective »

La Réalité Personnelle Subjective contient le « COMMENT » : comment je filtre, privilégie, trie parmi les milliers de données provenant de La RÉALITÉ extérieure. Autrement dit, elle contient mon pré-câblage intérieur. Mais elle contient aussi le « QUOI » : les Valeurs, les Croyances fondamentales et périphériques, les Comportement internes, etc. que je choisis. Le tout formant un « édifice » relativement stable, la Réalité Personnelle Subjective, qui permet à la personne de s'orienter dans le monde extérieur. **Chaque Réalité Personnelle Subjective est unique. La notion d'Altérité prend ici toute son importance.**

Le manager-coach doit être conscient que si l'on s'attaque à une « croyance » que l'on considère être « limitante » pour atteindre un objectif X, **on déséquilibre l'édifice : car tout se tient dans cette construction.** Selon que le point auquel on s'attaque est plus ou moins fondamental, il faut « étayer » des pans entiers de l'édifice, sinon on court le risque de voir tomber des « murs » entiers ou de bloquer le processus de changement envisagé. C'est pour cela que le manager-coach doit être très vigilant quant à **l'homéostasie**, soit à la tendance des systèmes complexes à maintenir coûte que coûte leur équilibre dynamique et donc résister au changement.

LA BOITE À OUTILS

Cette Réalité Personnelle Subjective diffère souvent fortement de la RÉALITÉ extérieure factuelle.

> **Exemple :**
>
> Un Directeur Général vient d'être nommé dans une succursale régionale. Dès son arrivée, il rencontre son prédécesseur mis à la retraite. Le contact se passe moyennement bien, mais il ne s'en rend pas compte ; il avait « décidé » que le contact s'établirait correctement et n'a pas pu ou voulu s'apercevoir que son enthousiasme et ses propos avaient choqué son homologue sortant. Par la suite, une mauvaise interprétation d'une de ses initiatives a fini par « bloquer » le Directeur Général sortant dans une attitude négative, rendant difficile la passation des clients. Lorsque le PDG, conscient du malentendu, cherche à améliorer le « team » des deux directeurs en essayant d'ouvrir les yeux au nouveau Directeur Général, il rencontre chez ce dernier un étonnement incrédule et une incapacité totale à « modifier » sa représentation de la réalité, puisque dans **sa** Réalité Personnelle Subjective, ils sont déjà « très amis » et que par conséquent tout le reste lui semble « exagéré »...
>
> Il a fallu l'intervention d'un coach professionnel pour aider le nouveau Directeur Général à modifier sa représentation et adopter des comportements plus adaptés pour permettre la passation des clients.

D'où la règle suivante du manager-coach et du manager tout court : **ne heurtez pas la Réalité Personnelle Subjective sous peine d'être rejeté immédiatement, d'abîmer la Relation ou de provoquer de fortes résistances**. Comment procéder alors ? en questionnant la Réalité Personnelle Subjective (par exemple : « Exposez-moi la façon dont vous le voyez, entendez, ressentez », « Je voudrais comprendre votre point de vue, sentiment », etc.). Ce qui en aucun cas signifie que vous êtes d'accord avec la réalité Personnelle de votre interlocuteur, mais simplement que vous êtes ouvert quant à sa façon de voir les choses et que **vous ne portez sur lui aucun jugement**.

Le changement comme l'essence de l'action de coaching

Les attitudes et comportements externes sont observables ; ils sont l'indice visible de ce que se passe à l'intérieur. Lorsque l'on parle de « **changement** », il s'agit d'habitude du changement de ces comportements et attitudes-là (par exemple, prendre la parole en anglais en réunion sans que cela ne « coûte » plus). Cette validation externe, qui prouve que le processus interne a bien eu lieu, est attendu comme la **finalité**. L'attente de changement est bien là, même si les personnes impliquées directement ou indirectement ignorent tout du processus interne. Or, quel est-il ? Nous nous réfèrerons dès lors aux niveaux logiques de Bateson (cf. pyramide ci-dessous déjà introduite part. I, chap. 1), sachant que la règle du changement est de descendre du haut vers le bas.

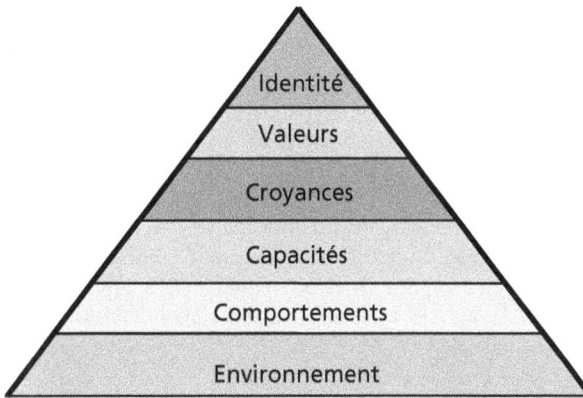

Ainsi, pour obtenir le changement de COMPORTEMENT, il faudra agir « au-dessus », au niveau des CAPACITÉS ou CROYANCES (dans ce cas précis, le manager-coach doit travailler sur les croyances concernant la capacité de « faire », les croyances identitaires, etc.). Et pour obtenir un changement au niveau des CROYANCES, il faudra opérer au niveau des VALEURS, etc.

Il est important de **toujours viser à produire des comportements « nouveaux » observables afin de convaincre la personne coachée elle-même que le changement est en cours**. En effet, son entourage, en lui disant « qu'elle est en train de changer », « qu'elle n'est plus comme

LA BOITE À OUTILS

avant », va lui restituer le changement. Cet élément me paraît très important car il dynamise le processus de changement, et agit comme un élément moteur.

> **Exemple :**
>
> L'apprentissage des langues étrangères, tel que l'anglais, me paraît bien illustrer la question de l'**implication au niveau identitaire**. L'objectif est donc en réalité supérieur à celui apparent de produire des comportements linguistiques adéquats (parler). En effet, pour réussir à parler couramment l'anglais, il faut pouvoir s'identifier de façon profonde aux porteurs de cette langue, et par là même à la culture correspondante ; car pour s'identifier à quelqu'un, il faut un certain nombre de composantes affectives (perception positive, voire admiration, envie de lui ressembler, etc.). Ce qui veut dire que si l'on admire pas, voire si l'on méprise ou si l'on se positionne hostilement vis-à-vis des « autochtones » porteurs de la langue, il est pratiquement impossible d'en apprendre la langue, car cette attitude agit comme une croyance limitante pour développer l'acquisition de nouveaux comportements. Si en plus, comme cela est le cas en France, les croyances collectives limitantes du type « *les français ne sont pas doués pour les langues* » ou « *l'anglais est difficile* » renforcent la difficulté individuelle, alors on constate cette situation paradoxale, où après de longues heures cumulées en classe, université, séjours linguistiques, etc., les personnes échouent ou produisent des comportements linguistiques médiocres. Tout en le faisant, ils qualifient les Suisses, les Canadiens, les Turques immigrés en Allemagne, les Slaves de « doués ».

Décoder et gérer les résonances

Considérons la personne comme un système, et ce système comme un tout cohérent ; alors il est évident que chaque évènement nouveau, pourvu qu'il soit émotionnel, provoque des résonances importantes, qui se créent de façon spontanée parce que les « nouvelles » et « anciennes » choses se superposent naturellement.

Si, par exemple, dans ma vie professionnelle j'ai vécu un épisode douloureux de rachat de mon entreprise, suivi par un plan social, et que quelques années plus tard, ayant en apparence tout oublié, j'ai vent du rapprochement entre mon groupe actuel et un autre, alors tout d'un coup, imaginons que je sois saisi d'un excès de mauvaise humeur, d'apathie et en proie à un ressenti profond d'impuissance. Consciemment incapable de faire le

© Éditions d'Organisation

rapprochement entre les deux épisodes, j'attribuerai mes ressentis à d'autres « causes » plus immédiates : la tension due à la clôture du bilan, la baisse d'activité dans mon secteur, ou la personnalité de mon nouveau patron. Mon interprétation se trouve erronée. On est ici confronté à un cas typique de « résonance ».

Il y a aussi, bien entendu, des résonances « croisées » entre la vie personnelle et professionnelle. D'ailleurs, l'envie de maintenir à tout prix cette dichotomie entre les deux contextes est assez artificielle ; elle peut provenir du fait que l'on n'a pas envie de se montrer tel(le) que l'on est à son travail : on préfère coller au « rôle » ou à la fonction qui nous sont attribués, par peur que les autres aperçoivent nos faiblesses et qu'on ne puisse plus alors ni les « diriger » ni se faire « respecter » (la peur est bien présente parce que l'environnement du travail est perçu comme un environnement effectivement ou potentiellement hostile).

Or, malgré les efforts fournis pour « protéger » sa vie personnelle tel un « jardin secret », les deux contextes présentent une grande « porosité ». D'abord parce qu'il s'agit de différents contextes d'un même environnement socioprofessionnel et que les deux se tiennent en tant que microcosmes de la personne en question. Ensuite, parce qu'**un changement dans un contexte va nécessairement avoir des répercussions dans l'autre.** Ainsi, un divorce difficile va se répercuter sur les capacités de production, de décision, de direction de l'équipe que la personne encadre. Et inversement, une crise professionnelle telle que conduire un plan social dramatique ou vivre un conflit relationnel dans son équipe va « déteindre » sur la vie personnelle et familiale et « l'empoisonner ». Ainsi, **les deux contextes « débordent » régulièrement pour produire des dégâts respectifs plus larges qu'il est admis de penser.**

C'est une forme de « résonance dans le système » **dont il convient de tenir compte si l'on est manager-coach.** Dans ce sens, lorsque l'on aborde le processus de changement dans un contexte professionnel, il faut être conscient que sur le plan personnel il y aura des « résonances », des conséquences de ce changement et peut-être aussi des changements.

LA BOITE À OUTILS

141

Cela me rappelle un patron qui se plaignait de voir ses employés « importer leurs problématiques personnelles et leurs névroses respectives pour les déployer dans l'entreprise ». Aujourd'hui en France, l'entreprise ne prend pas encore en charge les « chantiers personnels » de leurs cadres dirigeants et « hauts potentiels ». Pourtant, si on analyse certaines erreurs de décision ou de direction commises et bien connues du public, on s'aperçoit que l'élément aggravant était souvent la composante personnelle du « chantier transversal » du dirigeant en question.

Exemple :

Le Président M. Gorbachev, dont la popularité à l'Ouest était inversement proportionnelle à celle à l'intérieur du pays, avait décidé 1) d'interdire la vodka et 2) de toujours montrer sa femme comme étant son « binôme ». Ces deux éléments importés de sa vie personnelle ont suffi à le rendre extrêmement impopulaire aux yeux de ses concitoyens qui se sont « désidentifiés » de lui. Son rival B. Yeltsin, qui a très bien compris cela, s'est empressé de se montrer plus porté sur l'alcool qu'il ne l'était à ce moment-là et de maintenir son épouse dans l'ombre. Cela lui a plutôt bien réussi.

- III -
Les outils concrets du coach

Les attitudes fondamentales du manager-coach (présentes dans toutes les circonstances : à n'importe quel moment du coaching formel et à n'importe quel moment de la relation lorsque le manager « porte » la casquette de manager-coach) sont :

– 1) La **présence** (au coaché) ;

– 2) La **congruence** en tant que manager-coach es qualités et par rapport à l'objectif concret du coaching en cours ;

– 3) La **résilience** par rapport au coaché.

Ces attitudes combinées donnent une sorte de plate-forme comportementale (ensemble d'attitudes et comportements spécifiques agissant comme catalyseur) du manager-coach qui reflète ses valeurs et ainsi constitue son « credo ». Dans ce sens, ces attitudes fondamentales sont aussi les outils du manager-coach. **Lorsqu'on évoque la personnalité du coach en tant que premier outil**, c'est précisément de ces facettes-là dont il s'agit.

Le concept de la **congruence** ayant été déjà largement développé, nous ne reviendrons pas dessus. **La présence** sera décrite ci-après dans la partie B « *l'écoute-Présence* ».

La résilience

Être résilient, c'est d'abord aller « dans la direction de l'Autre » pour pouvoir ensuite « avancer ensemble » vers l'objectif commun. Tendre vers l'Autre consistera à être de même nature : être un diamant avec un diamant, un roseau avec un roseau. Cela signifie **ne pas heurter l'Autre**. La Résilience inclut donc l'empathie, car on est résilient sur tout, y compris l'état émotionnel de l'Autre.

– Objectif :

Savoir conduire des interlocuteurs « câblés » différemment (de vous) en créant et maintenant un contact positif et empathique avec eux.

— Moyens :

Détecter la façon dont une personne se comporte verbalement et non verbalement, et communiquer avec elle en s'exprimant dans son style. Il ne s'agira pas d'imiter ni de singer, mais d'« aller vers » de façon subtile et respectueuse.

— Comment :

D'abord, être attentif à l'Autre et ne pas le heurter. Cela consiste à :

- s'harmoniser sur le style de la posture et le style des gestes (ne pas se projeter en avant face à une personne bien calée au fond de son siège) ;

- s'harmoniser sur le style de la voix (ne pas parler fort avec une personne qui parle doucement) ;

- s'harmoniser sur l'État émotionnel Interne (état d'esprit).

Pour pouvoir communiquer dans les meilleures conditions possibles, il est important de savoir gérer la dimension de la Relation.

La Résilience en tant qu'attitude authentique est un outil de la création et de la gestion de la relation authentique.

Être en harmonie avec la posture et les gestes :
Reflétez la posture de votre interlocuteur en en adoptant une proche de la sienne.
Soyez attentif à ses gestes : mouvement de main, de tête, et reprenez-les pour souligner votre discours.
Variante : reflétez l'un de ses mouvements par un mouvement d'une autre partie de votre corps, en croisant par exemple les bras lorsqu'il croise les jambes ou en balançant votre pied au rythme de ses doigts pianotant sur le bras du fauteuil.
NB : Pas de décalage entre les gestes de la personne et les vôtres.

Être en harmonie avec la voix :

Chaque voix possède un rythme, un volume et un timbre. Pour que votre voix et celle de votre interlocuteur soient synchronisées, reflétez certaines des caractéristiques de la sienne : s'il parle plus lentement que vous, ralentissez votre rythme et parlez plus doucement s'il parle doucement, …

Être en harmonie avec l'État Interne / l'état d'esprit :

L'état d'esprit, c'est l'état émotionnel, l'humeur, la disposition de votre interlocuteur.

Parlez le langage de la passion à un passionné.

Gardez un langage strictement professionnel si c'est le sien ou adoptez un ton plus informel s'il se relaxe.

Le premier objectif du manager-coach est de :

– créer la relation de confiance, de reconnaissance mutuelle et de sécurité ;

– communiquer à un niveau conscient et inconscient un message du type : « Je suis désireux et capable d'entendre votre point de vue, vos sentiments, ressentis ».

Différents types d'écoute

L'écoute-Présence

L'étape numéro un consiste à concentrer toute son attention sur l'Autre **et à ne voir que lui, être présent à lui uniquement.** Dans la vie professionnelle courante, lorsque vous êtes en entretien avec quelqu'un, vous n'êtes avec la personne qu'en partie, car un flot de pensées, de raisonnements, de préoccupations vous traverse, le téléphone sonne, les papiers urgents vous « appellent » sur votre bureau, etc. Vous communiquez alors à la personne, par vos comportements non-verbaux, que vous êtes préoccupé, sollicité, et d'une certaine manière absent à lui. Vous l'écoutez, certes, **mais vous avez déjà une opinion sur ce qu'il commence à**

peine à aborder. C'est normal : on vous a appris à « comprendre », et non à écouter. Et comme vous n'avez pas « de temps à perdre », vous ne savez pas être totalement présent(e)... Or, le mot « présence » (dans le sens : ce dirigeant a beaucoup de « présence ») dérive de l'aptitude à être « présent » (aux autres).

Cette présence est validée par le coaché généralement après les deux premières minutes de l'entretien et le « message » non-verbal qui doit passer est extrêmement simple : il signale au coaché que l'on est avec lui à 100 %, que rien d'autre ne nous « pollue » l'attention intérieure ni nous distrait.

Il paraît que dans certaines peuplades amérindiennes, en guise de bonjour on dit simplement : « je te vois ». L'intonation qui accompagne cette expression exprime l'idée : « c'est bien de te voir ». Dans les nôtres, le mot « bonjour » est totalement désémantisé : personne n'écoute plus la réponse à « comment allez-vous ? ». Le rituel social a admis même un bonjour verbal non accompagné de regard, ce qui signifie que je ne veux pas voir, que je ne veux pas te voir, par manque de temps ou d'intérêt.

L'écoute-Présence est un instant très bref qui permet d'établir la Relation au début de chaque entretien et particulièrement lors du premier. En faisant abstraction de tout le reste pour quelques minutes, on communique à l'Autre son importance à nos yeux. En étant présent à 100 %, on se mobilise pour mieux écouter, et faciliter la venue à la surface d'éléments profonds. Car sans la Relation de confiance, on n'obtiendra que des bribes, et avec une écoute traditionnelle, on en retiendra que des bribes.

L'écoute-Présence est couramment pratiquée en Afrique, où le voyageur arrive, s'assoit sous « l'arbre des palabres » et rencontre les personnes concernées qui, avant de lui demander traditionnellement des nouvelles et lui raconter les leurs, lui offrent à boire et prennent quelques instants de silence, le regardent boire de façon bienveillante et montrent non verbalement leur plaisir d'être là. Combien de fois a-t-on pu observer un voyageur (pour peu qu'il soit européanisé ou européen) s'énerver de cette « perte de temps » et à l'inverse, les Africains s'étonner de l'impolitesse de ceux qui abordent directement ce qui les amène là.

Cette écoute-Présence permet de vivre la rencontre avec l'Autre et l'interaction de façon plus intense, plus profonde, parce que dès le premier « accord », vous décidez que vous lui serez présent(e) totalement et **de ce fait l'Autre aussi, par effet systémique, prend la même disposition.** À la fin de ce bref instant, vous êtes naturellement en harmonie. Il y a de fortes chances pour que même vos positions non-verbales se ressemblent, parce que c'est un moyen puissant pour que cette harmonie s'opère toute seule, de façon instinctive ; telle est la puissance de ce type d'écoute. C'est une écoute « avec le cœur » pour paraphraser A. de Saint-Exupéry, une écoute qui fait que plus tard, notre message passe tout seul, pourvu qu'il soit authentique.

Chaque entretien du manager-coach débute par l'écoute-Présence et les deux-trois premières minutes sont dédiées à se « mettre en phase ». À la différence de certains formateurs en communication qui les désignent comme « salamalecs » (ce qui veut dire un échange de formules traditionnelles dépourvues de sens profond, proches du rituel social, comme on échange quelques balles de tennis avant le match), ici c'est la partie **significative qui donne le ton et le sens à tout ce qui suit.**

L'écoute-Accompagnement

L'écoute-Présence se transforme en **écoute-Accompagnement** : le manager-coach accompagne par des mouvements de tête, de mains et des « petits bruits » (« ahan », « hou », « ok », « d'accord ») le récit verbal de son interlocuteur. Le meilleur accompagnement verbal se synchronise sur la « langue » d'accès dominante de son interlocuteur : « je vois », « c'est clair » pour un **visuel**, « j'entends bien » pour un **auditif**, « ça tient » pour un **sensitif**. Parler en respectant la « langue » dominante de l'Autre est un **moyen puissant de pacifier l'Autre, d'augmenter son envie de se livrer, et de fructifier le capital confiance de la Relation.**

Mais attention ! À ce stade, **il ne s'agit surtout pas de « comprendre »
quoi que ce soi, ni surtout de montrer que l'on a déjà compris, voire
« tout compris ».** En effet, si l'on en avait la prétention, on ne ferait
simplement qu'opposer sa « Réalité Subjective », sa « carte » à celle de
l'interlocuteur. Et contrairement à ce que l'on nous a appris lors de nos
formations de management, axées sur le « comprendre vite », notre interlocuteur, confronté à la rapidité de notre compréhension, pour peu qu'elle
soit différente de la sienne, pourrait en conclure non en une rationalité
brillante qui émane de nous mais plutôt en notre mépris envers lui. Il y a
donc un risque considérable que cela soit contre-productif. Il peut même
arriver, si nous avons compris autre chose que lui, que cela sonne le glas de
la Relation. Dans ce cas, le processus de coaching sera totalement
compromis.

Ainsi, à ce stade, l'objectif est de pratiquer une écoute-Accompagnement
qui est une entrée dans le processus de coaching. Le timing de cette écoute
n'excède pas dix à trente minutes pour le premier entretien. Pendant ce
temps, le manager-coach montre verbalement et non verbalement qu'il
s'intéresse à la « version » de l'Autre, donc qu'il respecte sa « Réalité
Subjective », qu'il est capable d'écouter, qu'il est neutre, qu'il ne cherche
pas à imposer sa « vision », donc sa propre « Réalité » : il consolide alors
le capital confiance de la Relation indispensable à la résolution des
problèmes. Mais attention : admettre la « version » de l'Autre ne signifie
pas être d'accord avec celle-ci.

Tout en pratiquant cette écoute-Accompagnement, en utilisant l'harmoni-
sation non-verbale et en « marquant » le récit par des « petits bruits », le
manager-coach **note les expressions-clés de son interlocuteur.** Il peut
soit le relancer sur sa dernière phrase, soit lui **restituer** après quelques
trois-quatre minutes ses paroles **« en miroir »,** en utilisant uniquement
les expressions-clés notées, qu'il précède par « Si j'ai bien compris »…
L'intérêt de cette restitution « en miroir » est qu'elle permet de confirmer
que vous avez bien écouté mais surtout elle démontre que vous n'avez rien
déformé parce que vous utilisez uniquement les expressions que l'Autre a
utilisées. Il y a donc **ni ajout, ni interprétation, ni déformation.** Et

votre interlocuteur va vous le confirmer par un « c'est exactement cela ! ». Ce qui est curieux, c'est que jamais il ne se rend compte que ce sont ses propres mots que vous lui restituez, ni même va les reconnaître quand il connaîtra « la technique ». On retrouve ici le phénomène de la confusion entre la « Réalité Personnelle » et LA réalité : ces termes lui paraissent tout simplement « justes ».

L'écoute-Accompagnement est donc un stade qui construit la Relation. Très importante lors du premier entretien, elle ne dure que dix à trente minutes au maximum, ce qui paraît raisonnable même pour les managers pressés. Or, **le rendement de cette écoute est phénoménal.** C'est une clé qui ouvre la porte de la « magie » du coaching. Quand le manager-coach respecte et investit ce stade d'écoute, le baromètre de la Relation est au beau fixe et vous observez que votre interlocuteur vous donne des signes verbaux et non-verbaux de confiance : il se détend et vous dit, par exemple : « Vous êtes le premier qui a tout compris », etc.

Si vous constatez que vos positions sont « en harmonie », que « le courant passe », vous pouvez alors passer à l'écoute 3. Sinon, persévérez dans l'écoute 2 jusqu'à obtenir des signes de l'objectif de ce stade.

L'écoute-Recueil d'informations

À ce stade, l'objectif est enfin de comprendre et pour cela, il faut :

– tout d'abord **recueillir les informations de façon rigoureuse** ;

– ensuite **séparer le factuel des tissus de croyances et interprétations** ;

– et **identifier les émotions.**

Le coach a enfin ici le droit de **poser des questions précises** pour reconstruire le récit de l'Autre et explorer à fond le « magma » qui s'est étalé devant lui. Tout comme l'horloger structure sur la table les pièces nécessaires pour monter une horloge, le manager-coach va **structurer les informations** par ces questions précises, explorant la situation actuelle (L'État Présent) ainsi que l'objectif (l'État d'Objectifs). Les questions formulées ci-dessous permettront de **remailler les « trous » d'informa-tions** forcément présents lors du premier récit.

Exemples de questions pour recueillir des informations sur l'état désiré et l'état présent :

Quel est le contexte général ?
– Quelle est la situation aujourd'hui ?
– En quoi est-elle insatisfaisante ?
– Quels en sont les inconvénients ? Quel est le problème ?
– **En quoi est-ce un problème ?**

Qui est impliqué ?
– Quelles sont les personnes impliquées dans la situation ? En quoi sont-elles impliquées ?
– Quel est leur point de vue ?

Que changer ?
– Que voulez-vous changer ?
– **Qu'est-ce que cela vous apportera ?**
– Quels sont les avantages que vous attendez ?
– **Quels sont les inconvénients à ne rien changer ?**
– À quoi saurez-vous que vous avez atteint votre objectif ?

Garder quoi ?
– Qu'est-ce qui fait que vous n'avez pas encore changé ?
– **Qu'y a-t-il de bon dans la situation présente ?**
– **Quels sont les avantages à la garder telle quelle ? Quels sont les éléments à conserver dans la situation présente ?**
– **Pourrait-il y avoir des inconvénients à la changer ?** Si oui, lesquels ? Si non, s'il y en avait, quels pourraient-ils être ?
– Y a-t-il une partie de vous qui ne veut pas changer ?

| LE VRAI PROBLÈME |
| SCANNER LA MOTIVATION |
| SCANNER LES OBSTACLES SOUS-MARINS |

Les questions importantes peuvent paraître banales, et pourtant...

La réponse à la question « **En quoi est-ce un problème ?** » est celle qui fournit la vision du coaché sur ce qui le gêne vraiment dans le problème évoqué. Et cette question vous empêche de lui « coller » votre propre « lecture » de l'événement. La question « **Qu'est-ce que cela vous apportera (encore de plus important) ?** » ou « **En quoi cela est-il important ?** » permet de comprendre la motivation profonde du coaché et vérifier que l'on ne dévie pas de l'objectif véritable. La question « **Quel** avantage y a-t-il dans la situation présente ? » permet de cerner les résistances potentielles, de même que les questions « **Pourrait-il y avoir des inconvénients à changer la situation actuelle ?** » et « **Y a-t-il « une partie de vous » qui ne veut pas changer ?, que dit-elle ?** ».

Il conviendra ensuite de faire la part des choses, c'est-à-dire de séparer la Réalité factuelle de l'interprétative tout en identifiant l'émotion que sous-tend cette interprétation. C'est une technique à appliquer pour faire émerger les non-dits avec un collaborateur ou un client (réclamations, …). Lorsque nous utilisons cette expression « faire la part des choses », nous l'adressons uniquement à l'intention du manager-coach qui doit d'abord faire ce travail tout seul **sans pour l'instant chercher à le partager avec le coaché.** Par la suite, tout le travail de coaching va progressivement amener le coaché à cela, mais certainement pas à ce stade-là.

> **Exemple de Réalité factuelle :** « À la fin de l'entretien de recrutement, il m'a dit « je vous rappelle ». La Réalité Personnelle Subjective qui en découle est une interprétation de type alternatif : soit on obtient un courant alternatif négatif : « Il ne va pas me prendre, j'ai été nul » (= je ne suis pas OK) ou : « Il ne va pas me prendre, il n'a rien compris » (= il n'est pas OK), soit un courant alternatif positif : « Il va me prendre. Je suis une star » (= je suis OK) ou « Il est génial » (= il est OK).

FACTUEL	INTERPRÉTATIF : interprétation, généralisation abusive, conclusion (je ne suis pas OK, il n'est pas OK)	ÉMOTIONNEL
Je ne savais pas que M. X est revenu sur sa décision.	On ne m'a rien dit exprès. On m'a court-circuité.	Furieux, vexé.
Il ne m'a pas salué ce matin.	Il ne m'a pas salué car il ne m'apprécie pas.	Vexé.
Le compte rendu du conseil d'administration n'a pas été diffusé.	La direction générale ne nous informe jamais de rien. Ils ne nous comprennent pas. On est peu de chose.	Vexé.

Faire la part des choses en cas de problème ou de plainte

LA BOÎTE À OUTILS

153

Les questions comme « Qu'en concluez-vous ? », « Qu'est-ce que cela signifie pour vous ? », « Que ressentiez-vous à ce moment-là ? », « Et maintenant, quel est votre sentiment à cet égard ? », « Pour vous, cela est-il l'équivalent de... ? » permettent de **faire apparaître le chaînage des raisonnements, le cheminement des croyances, interprétations, généralisations, critères, etc.**

> **Exemple :**
>
> DAF d'un grand groupe, une personne brillante est conviée comme tous les dirigeants au trophée de golf sponsorisé par son groupe. Au moment du repas champêtre sous la tente, il se retrouve « mal placé » entre des personnes beaucoup moins gradées que lui, et exposé ainsi, comme il le dit, dans son rôle de « simple intendant » (ce qui est une interprétation due à la Réalité Personnelle Subjective). Il « rumine » cet épisode et finit par l'évoquer à son coach. Le coach comprend alors que cet épisode, dont la résonance est amplifiée par le fait que ceci a eu lieu devant les équipes, les actionnaires et les clients, a donné à l'intéressé l'impression d'être vu par tout le monde, remarqué, jaugé (deux ou trois fidèles lui ont même manifesté leur « indignation » à propos de cette « humiliation » et « honte »), ce qui prouve bien selon lui que « tout le monde pense pareil ».

Lorsque vous questionnez les émotions, enquêtez sur leur localisation dans le corps : « où est-ce que vous ressentez cela ? ». Les réponses vous étonneront par leurs précisions : « dans le plexus », « dans la gorge », « à l'estomac » , etc.

À la question « Comment se traduit cette émotion ? », vous obtiendrez une réponse (« Elle me brûle », « j'ai l'impression d'étouffer », etc.) qui **vous renseignera sur l'intensité de l'émotion éprouvée.**

L'écoute Sémantique

– Les croyances limitantes

À la fin de la phase 3, le manager-coach doit être capable d'identifier les blocages tels que croyances limitantes du coaché par rapport aux objectifs fixés (s'il n'y avait pas de freins, l'objectif fixé serait déjà réalisé. S'il ne l'est pas, c'est qu'il y a des croyances limitantes qui ne permettent

© Éditions d'Organisation

pas sa réalisation concrète). Pour cela, il faut **questionner le coaché tous azimuts à propos des difficultés inhérentes à l'objectif,** des freins extérieurs et intérieurs, à lui en tant que détenteur de l'objectif, etc. Le questionnement doit normalement permettre d'identifier ses croyances limitantes au moins apparentes, de les repérer une par une. Il s'agira ensuite de les classifier, de les articuler par ordre de potentiel de blocage.

Exemple :

Si mon objectif est de réussir à « vendre » mon projet au comité de direction et qu'en même temps j'ai une croyance limitante (à mon sujet) comme quoi, étant sorti d'une école N et non L, je ne serai pas écouté comme je l'aurais été si j'avais été un « L-nien », il y a de fortes chances pour que mes comportements déployés lors de la vente soient inadéquats et que je valide ma croyance limitante : « je n'y arriverai jamais ».

Les croyances qui nous bloquent dans nos réalisations sont les croyances limitantes sous-jacentes. Certaines refont surface immédiatement après le premier tour de questionnement, d'autres sont plus profondes et il faut des instruments comme les « deux icebergs » pour les « découvrir » et les « extraire ». La personne a rarement conscience de ses croyances limitantes et il faut la patience du manager-coach pour les identifier et les faire admettre comme telles. Pour tester le potentiel de maturité d'une croyance, il faut essayer de la faire changer, « basculer ». **La résistance à abandonner une croyance montre clairement l'état de maturité de celle-ci.** Si la personne est prête à la déposer « au cimetière de vieilles croyances » alors, elle est mûre pour le changement. Si elle s'accroche encore à cette croyance, alors il faut décider de la stratégie de coaching appropriée. Pour ébranler une croyance limitante, **la technique du contre-exemple** peut être efficace. Dans ce cas, il suffit de trouver un exemple qui démontre le contraire.

Exemples :

Une personne qui croit que le récent « trou » dans son CV dû au chômage se voit comme « le nez au milieu de la figure », va inconsciemment influencer son futur employeur de ne pas l'embaucher. En lui démontrant qu'il avait déjà embauché des personnes qui avaient été au chômage, on peut pulvériser cette croyance limitante.

LA BOITE À OUTILS

155

J'ai eu en un jour à animer en tant que bénévole un groupe de jeunes personnes d'origine étrangère, tous à la recherche d'un emploi, qui ont commencé par me sortir des croyances comme « nous n'avons pas de chance », « le gouvernement nous parque dans des ghettos », ou « quand on est immigré, on est condamné d'avance ». Il m'était facile, en tant qu'immigrée russe étant « sortie de là », de leur fournir un contre-exemple vivant de leurs croyances limitantes. Ce contre-exemple a alors eu une valeur de recadrage.

– Les « virus mentaux »

Les « virus mentaux » sont les aberrations sémantiques, les raccourcis de langage qui créent l'« effet tunnel » du raisonnement et bloquent soit la résolution des problèmes, soit la façon d'envisager les objectifs. Ils déforment la Réalité et appauvrissent les Réalités Personnnelles Subjectives tout comme les croyances limitantes. Leur effet est aussi catastrophique que celui des « virus » informatiques qui mitent les programmes. Les « virus mentaux » parasitent le raisonnement et mènent d'habitude à un raisonnement circulaire, partiel, erroné et abusif. La personne qui est en position d'échec ou bloquée est souvent « dans le tunnel », faisant une fixation sur un détail qu'elle généralise abusivement, et manque de recul.

Or, pour retrouver des informations manquantes, déformées, abusives ou imprécises, il faut poser des questions précises. Pour chasser les « virus mentaux », il faut poser des questions « anti-virus » (cf. tableau suivant).

LES FAITS IMPRÉCIS	*Sujet : qui, quoi ?*	*Action : fait quoi, comment, avec quoi ?*	*Contexte : où, quand, avec qui ? Avec quoi ?*
	Questionner : « Que veux-tu dire exactement ? » « Qui, quoi, comment, où, quand, avec qui, avec quoi. »		
LES INTERPRÉTATIONS	*Suppositions, inférences, hypothèses, déductions, conclusions*		
	Questionner : Causes	« En quoi X cause-t-il Y ? » « Qu'est-ce qui te fait dire que … ? »	
	Équivalences	Décrocher : « X est une chose, Y en est une autre » « En quoi X prouve-t-il Y ? » Demander ou proposer un contre-exemple.	
	Lecture de pensée	Questionner : « Sur quoi te bases-tu pour dire que… ? » « Comment le sais-tu exactement ? »	
LES JUGEMENTS	*C'est bien, c'est mal, c'est important, il est capable de, incapable de…*		
	Questionner : « Sur quoi te bases-tu pour dire que…? » « En quoi est-ce…? »		
LES RÈGLES	*On doit, on ne doit pas, il faut, il ne faut pas…*		
	Questionner : « Qu'est-ce qui nous en empêche ? » « Que se passerait-il si nous le faisions ? » (fait émerger la conséquence redoutée) « Que se passerait-il si nous ne le faisions pas ? »		
LES GÉNÉRALISATIONS	*Toujours, jamais, personne, les gens sont…*		
	Questionner : « Toujours ? Jamais ? Tous ? » Demander un contre-exemple.		

Dans le langage courant, notre discours est donc comme une « maille trouée » qui émet vers une autre « maille trouée », elle aussi, mais de façon différente. **Il est encore miraculeux dans ces conditions que nous arrivions à nous comprendre !**

LA BOITE À OUTILS

Exemple de discours mité : **le langage a deux niveaux :**

– un niveau apparent (visible) ;

– un niveau profond.

> **Exemples :**
>
> « On a un problème de communication dans le comité de direction ». Question : « qui ne communique pas avec qui ? »
>
> Le langage apparent admet la négation « Nous n'allons pas privatiser la banque ». Mais au niveau profond, on retient le mot « privatisation » et on risque de l'interpréter et de conclure : « La privatisation est imminente ». Il aurait fallu dire : « La banque restera une structure publique ».

- IV -
Les techniques d'interventions

Si **les outils** du manager-coach lui servent à décoder, comprendre, sonder les problématiques et les objectifs et ceci sans le partager avec le coaché (dans une première phase de travail), **les techniques d'intervention** sont des procédures qu'il utilise pour faire travailler le coaché, qui doit jouer un rôle actif et participer pleinement. Cela veut dire que lors du coaching, c'est à travers les techniques d'intervention que le coaching de changement se fait : les nouvelles compréhensions s'acquièrent, les nouvelles stratégies s'élaborent et les comportements changent au fur et à mesure que les croyances limitantes cèdent la place aux croyances aidantes et que par conséquent la Réalité Personnelle Subjective se restructure progressivement.

Nous allons donc aborder les principales techniques d'intervention en commençant par la **technique des « deux icebergs »**, indispensable pour faire l'audit de la situation présente couplé à l'audit du Projet, et la **technique des « galoches magiques »**, indispensable pour multiplier les angles de vue et apprendre à « se mettre dans les galoches » de l'Autre pour élaborer la stratégie adéquate, incluant les réalités de tous les acteurs de la situation, levier de la négociation réussie et de la résolution des conflits. Nous aborderons ensuite **la dissociation** qui permet de prendre du recul, puis **le recadrage** et **les métaphores** qui permettent de traiter les croyances limitantes et les aberrations sémantiques.

Bien sûr, il existe d'autres techniques plus pointues que les coachs professionnels utilisent, et qui constituent, elles, un « deuxième cercle » de techniques et outils d'intervention. Mais nous nous limiterons volontairement au « premier cercle » que nous qualifierons de **techniques d'intervention fondamentales**, celles du manager-coach.

La Technique des « deux Icebergs »

L'intervention de coaching vise **le changement**. Or, pour (bien) changer, il faut savoir d'où l'on part et où l'on va. C'est pour cela que la technique en question vise à **explorer** l'État Présent (la situation existante) et l'État d'Objectif(s) (le ou les objectif(s) visé(s)). La démarche est en fait comparable à celle effectuée lorsque l'on désire entreprendre des travaux de rénovation ; on fait venir un architecte et on lui dit : « je veux abattre cette cloison et refaire le carrelage ». Il répond : « d'accord, on va d'abord faire un état des lieux, puis une étude de projet » (car un bon architecte procède dans les règles de l'art et n'accepte pas de faire des cache-misère). Mais en faisant le tour de l'habitation, s'il découvre que le mur que l'on souhaite abattre est en réalité un mur porteur, alors plus question de le détruire ! Quand au carrelage, s'il est fissuré parce que la dalle de dessous est défectueuse, il serait dommage de coller du carrelage neuf, il se re-fissurerait. Ainsi, **il faut comprendre la cause et intervenir là-dessus, et surtout pas sur le symptôme.** Que peut-il arriver lorsque l'on confond les deux ?

Donnons pour exemple une intervention visant l'objectif exprimé : « arrêter de fumer ». Le résultat visé fut rapidement atteint, seulement le coaché se mit à manger et à grossir de façon anormale. Dans ce cas, le vrai résultat de l'intervention fut le « déplacement » du symptôme d'une forme de dépendance à l'autre, du tabagisme à la nourriture, ce qui en aucun cas est une résolution du problème de la dépendance dont se plaignait le client qui lui n'avait pour vision que le premier niveau du symp-tôme visible.

Le coach, tel un « architecte d'intérieur », utilise **avant toute interven-tion** l'outil connu sous le nom de « SCORE » (formalisé par la PNL) et qui est l'abréviation de cinq catégories de pensées telles que citées ci-dessous :

(Toutes ces catégories de pensées doivent être abordées à partir de la posi-tion Associé et celle Dissociée d'où la position MÉTA du capitaine avec une longue-vue).

Renvoi
cahier central
p. XV

S
C
O
R
E

Symptôme(s)

Cause(s)

Objectif(s)

Ressource(s)

Effet(s)

Méta : Observateur

LA BOITE À OUTILS

163

Renvoi cahier central p. XVI

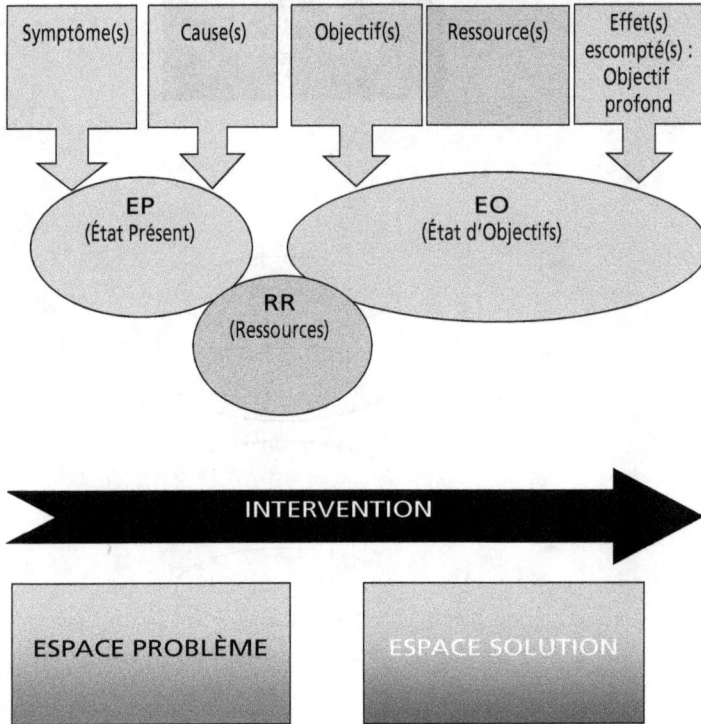

| Symptôme(s) | Cause(s) | Objectif(s) | Ressource(s) | Effet(s) escompté(s) : Objectif profond |

EP
(État Présent)

EO
(État d'Objectifs)

RR
(Ressources)

INTERVENTION

ESPACE PROBLÈME

ESPACE SOLUTION

Explication du tableau ci-dessus :

– **Le symptôme :** c'est l'aspect le plus évident et conscient de l'État Présent.

– **Les causes :** elles constituent les éléments qui maintiennent en place le symptôme. Généralement moins conscientes, elles peuvent être passées, présentes ou à venir.

– **L'objectif (apparent) :** c'est ce qui prendrait place (idéalement) si le symptôme disparaissait.

– **Les ressources (internes / externes) :** elles sont nécessaires pour atteindre l'objectif, en s'assurant que ce dernier correspond aux critères des objectifs réalistes et réalisables.

– **L'effet escompté (objectif profond)** : c'est le résultat attendu une fois l'objectif apparent atteint.

Présentons maintenant ce modèle « SCORE » sous une autre forme, plus poétique, celle dite des « deux icebergs » :

Renvoi cahier central p. XVII

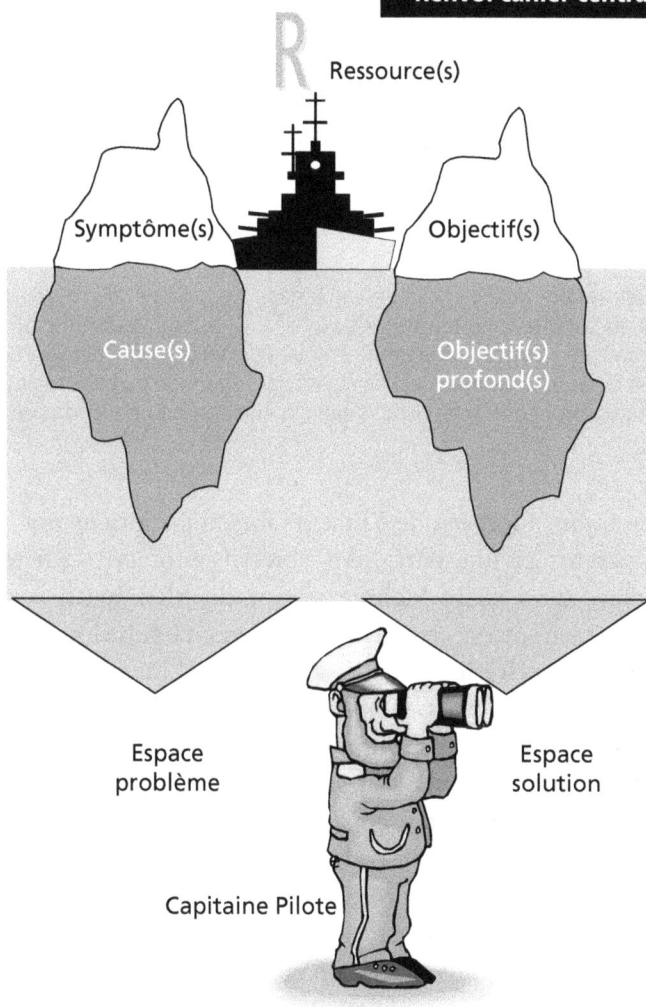

la technique des « deux icebergs »

LA BOITE À OUTILS

Si nous appelons cette technique les « deux icebergs », c'est parce que l'iceberg a une partie non-apparente, cachée, celle qui est **immergée** et que pour apprécier ses contours, sa masse réelle, il faut absolument l'explorer. La technique permet de faire « l'audit » de l'État Présent et celui de l'état d'Objectifs dans leurs parties respectives immergées pour assurer le succès de l'intervention qui viendra plus tard.

L'État Présent, qui est souvent appelé Espace problème, contient les symptômes (apparents) et parfois les causes (présumées comme telles). Presque toujours, ceci n'est que l'interprétation du coaché, et en aucun cas la cause profonde.

> **Exemple :**
>
> Un coaché, constatant qu'il est « sous l'eau » depuis un mois et demi (symptôme), attribue cela au fait que « c'est la période du bilan » (cause présumée) et souhaite « mieux s'organiser » (objectif apparent). Pendant l'exercice des « deux icebergs », on découvre que la cause profonde n'est en réalité pas la période du bilan mais le fait qu'il y a un dossier particulier qu'être « sous l'eau » lui permet de ne pas aborder (cause profonde).

De la même façon, l'iceberg de l'État d'Objectifs contient une partie des objectifs apparents et une partie des objectifs profonds, qui est un peu l'effet escompté d'un ordre logique venant **de plus haut**, une fois que l'objectif visé apparent est atteint. **Le manager-coach doit être vigilant pour ne pas confondre les deux.** D'autre part, il lui faudra **prendre son temps pour surtout ne pas s'engager de façon précipitée dans l'intervention une fois que l'objectif dans sa première forme sera énoncé (l'objectif apparent).** Car si l'on s'y précipite, on risque de faire fausse route, ce qui laisserait apparaître un blocage plus tard ; il lui faudrait alors revenir à ce travail de base : redéfinir et réexplorer les espaces de départ et d'arrivée visés. Car comme dit le dicton : « si tu ne sais pas où tu vas, n'importe quel chemin peut t'y conduire », par contre : « si tu sais où tu veux arriver, et prends le chemin en direction opposée, il ne faut pas s'étonner d'être en retard ».

© Éditions d'Organisation

Ainsi, le « capitaine » doit savoir d'où il part et où il doit arriver. Il possède une longue-vue pour faire de constants va-et-vient : par exemple regarder les symptômes de façon Associée (avec les émotions, les ressentis) puis prendre du recul et les examiner de façon Dissociée.

Protocole de l'exercice des « deux icebergs »

Pour appliquer l'exercice de façon la plus efficace possible, on procède de la manière suivante : tout d'abord, on dispose par terre des feuilles de papier marquées comme suit : S (pour Symptômes), C (pour Causes), O (pour Objectifs), R (pour Ressources) et E (pour Effet escompté), ainsi qu'une autre feuille marquée « MÉTA » (pour dissociation). Puis on va placer le coaché, par exemple sur le papier C s'il aborde le sujet des Causes, et le déplacer sur le papier O (pour Objectifs apparents ou profonds selon le cas) s'il se met à parler d'Objectif.

Ainsi, il va explorer chaque espace en faisant des va-et-vient entre la position S (Symptômes) et MÉTA, puis entre la position MÉTA et de nouveau la position S. Ce ballet incessant, cette « exploration », utilise le phénomène de « l'ancrage spatial » qui fait **qu'un lien subtil s'établit de façon neurologique entre l'espace (le morceau de papier par terre) et l'État Interne qui est un conglomérat de ressentis émotionnels autour d'un thème donné.** Lorsque le coaché bouge d'un « papier » à l'autre, il change donc d'état émotionnel ; il active et réactive ces États Internes. Cela permet que l'analyse rationnelle, cognitive se fasse de façon enrichie, puisque stimulée par l'intelligence émotionnelle. Ainsi, au lieu de vivre des États Internes mélangés, comme cela arrive quand on réfléchit « normalement », on va structurer la réflexion en s'appuyant sur les États Internes non mélangés ; autrement dit, pour réfléchir aux Ressources on n'a pas besoin de l'État Interne de frustration ou d'irritation qui est lié aux Symptômes ou aux Causes (ces États internes dits limitants ne seront pas propices pour trouver des idées ou des « *insights* » de Ressources ou d'Effet(s) escompté(s)).

En se mettant ainsi systématiquement en position de recul, le coaché va découvrir de multiples aspects de ses deux « espaces », tout en passant par les Ressources dont il a besoin (pour explorer la totalité des aspects significatifs de la situation et pour organiser la dynamique du changement). Mais attention ! Lorsqu'il va commencer son « exploration », **il ne faudrait pas qu'il reste trop longtemps en position « Symptômes » car cet aspect peut être « chargé » de façon très négative émotionnellement et risque de le « polluer ».**

NB : en tant que protocole de l'exploration, la technique des « deux icebergs » n'exige pas nécessairement que l'on commence par les Symptômes. **Il est tout à fait possible de commencer par explorer l'Espace solution, tout comme il est possible de commencer par l'Espace problème.** Cela dépend essentiellement de deux aspects :

— 1. Quel Espace est le plus clair ou le mieux défini et donc le plus facile à aborder ?

— 2. Comment la personne qui travaille est-elle « pré-câblée », quel est son profil fonctionnel (celui d'« aller vers l'objectif » ou d'« éviter les catastrophes ? ») ; on abordera le travail par l'Espace problème si la personne est « pré-câblée » « éviter les catastrophes » et plutôt par l'Espace solution si elle est « pré-câblée » « aller vers l'objectif ». En effet, il y a des personnes qui « ne veulent pas être malades » et d'autres qui veulent « être en bonne santé ». Et cela n'est pas la même chose. En entreprise, si le dirigeant dit au coach : « il ne faut pas que l'on se plante » (profil fonctionnel d'« éviter les catastrophes »), cela est très différent de l'objectif « il faut réussir » (profil fonctionnel « aller vers »). Il faudra donc tenir compte de cette prédisposition et l'inclure en commençant plutôt par l'iceberg approprié.

Les va-et-vient ne sont pas limités et il est tout à fait possible de passer plusieurs fois par un « arrêt » sur l'un des aspects (l'un des papiers) pour le « creuser » davantage, à condition de le pratiquer toujours en deux temps, du point de vue Associé puis du point de vue en recul, soit Dissocié. Ceci dit, il n'est pas toujours possible ni souhaitable (que cela soit pendant le processus de coaching individuel ou en équipe) de faire cet exercice sous sa forme classique de va-et-vient sur des papiers disposés par terre. Quelquefois, cela peut paraître « socialement bizarre », surtout si on n'explique pas ce que l'on va faire, pourquoi et comment par un discours d'accompagnement, qui est en fait une méta-communication.

Exemple de méta-communication :

« Voyez-vous, pour réfléchir efficacement, les scientifiques (innovateurs, créateurs) utilisent des procédés qui augmentent le rendement créatif parce qu'ils permettent de structurer la réflexion. On va donc poser des lignes de réflexion, comme suit... etc. » Si c'est moi le coach qui vais faire l'exercice façon « démonstration », c'est moi qui vais me déplacer sur les cartons ou papiers disposés par terre. Le commentaire (méta-communication) peut ici prendre un caractère personnel : « j'ai besoin de me clarifier de cette façon, j'ai l'habitude de réfléchir de cette façon... ». Dans ce cas, il est tout aussi indiqué de le faire de façon différente, en utilisant par exemple d'autres procédés. Quand je dois faire cet exercice avec un groupe, j'utilise souvent une bouteille d'eau minérale ou tout autre objet sur la table, que je déplace d'un papier disposé sur la table à l'autre. La bouteille devient alors un objet symbolique où chacun « se projette » inconsciemment. Et l'exercice devient un exercice décliné au second degré. Cela peut être bien entendu tout autre objet : le stylo de la personne que vous coachez par exemple.

Le résultat du SCORE bien pratiqué, c'est une réorganisation de la perception et de la représentation, une vision claire, un ressenti net ; la personne est « située », elle voit les difficultés et les ressorts de la situation. **Et pourvu que l'on ait pris soin de terminer l'exploration par l'Objectif profond et les Ressources, alors la motivation est améliorée.** Une fois ainsi déterminé et travaillé l'Objectif, on va passer **au stade suivant de la validation des Objectifs.**

Valider les Objectifs, c'est vérifier qu'ils correspondent aux critères d'un bon objectif et sont formulés d'une façon qui va favoriser leur réalisation. C'est un peu comme tailler des crayons ; vous avez beau posséder de merveilleux crayons, pour pouvoir écrire ou dessiner avec, il faut encore les tailler.

LA BOITE À OUTILS

Pour affiner les objectifs et les rendre plus facilement utilisables et réalisables, il est nécessaire de les passer au crible des critères suivants. Le résultat de la validation, c'est un objectif « taillé » à vos mesures, prêt à être réalisé.

Bien formuler son objectif

Pour être valable, l'objectif doit répondre à onze critères. Il doit être :

1. Un objectif motivant, c'est-à-dire réaliste et ambitieux (il doit comporter un défi à relever) ;

2. Un objectif accessible (une personne semblable au postulant doit avoir les capacités de l'atteindre) ;

3. Un objectif spécifique, c'est-à-dire pour lequel le contexte peut être décrit très précisément (où, quand, comment, etc.) ;

4. Un objectif mesurable et contrôlable ;

5. Un objectif déterminé dans le temps ;

   (– Si collectif, un objectif :

   – accepté par tous ;

   – partagé dans l'engagement de résultat.

   – Un objectif compatible avec les autres projets ;)

6. Un objectif dont la réalisation ne dépend que des participants ;

7. Un objectif « écologique », c'est-à-dire dont la réalisation ne comporte aucun inconvénient, aucun risque de regret, aucune détérioration de la situation présente pour le postulant ou les autres qui lui sont proches ;

8. Un objectif « éthique » (moral, respectueux des lois, de l'environnement) ;

9. Un objectif entièrement clair pour le postulant :

– formulé positivement ;

– fidèlement consigné par écrit.

On peut aussi utiliser les six questions-clés suivantes...

Répondre à six questions-clefs

1. Qu'est-ce que je veux ? (quel est mon but ?)

– Énoncer l'objectif (en termes précis et formulation positive) ;

– Vérifier qu'il soit réalisable.

2. Qu'est-ce que cela m'apportera ? (quel est le but du but ?). On touche ici l'objectif profond ou l'effet escompté.

– « Écologie » de l'objectif ;

– Motivation.

3. À quoi je saurai que je suis dans la bonne direction ? Ai-je besoin d'un sous-objectif ?

4. À quoi je saurai que j'ai atteint mon objectif ? (critères mesurables)

– Critères visuels, auditifs, sensitifs pour percevoir la réalisation de l'objectif.

5. De quoi ai-je besoin pour l'atteindre ? (de quelles ressources qui sont en moi ?)

6. Qu'est-ce qui m'empêche de l'atteindre ? Quels inconvénients y a-t-il à ce que je l'atteigne ? (obstacles).

Il est aussi fortement conseillé, si vous avez plusieurs objectifs, de les hiérarchiser par rapport à leur importance, et de les situer dans le temps.

LA BOITE À OUTILS

Hiérarchiser les objectifs

Importance ⇒ ⇓ échéance	Primordial	Important	Secondaire
Court terme			
Moyen terme			
Long terme			

Établir une stratégie de réalisation d'objectifs

Pour mettre en place une stratégie, six étapes sont nécessaires :

– 1. Séparer l'État Présent de l'État d'Objectifs ;

– 2. Définir avec précision l'État d'Objectifs ;

– 3. Vérifier si les onze critères de l'objectif (cf. ci-dessus) sont bien respectés ;

– 4. Poser les six questions-clefs concernant l'objectif fixé ;

– 5. Hiérarchiser les objectifs ;

– 6. Agir (mettre en œuvre la stratégie). Pour cela, deux questions-clefs :

– Quelles sont les étapes à parcourir ?

– Par quoi commencer « ici et maintenant » ?

Pour se mettre à la place de l'autre :
la technique des « galoches magiques »

Cette expression poétique provient d'un conte de H. C. Andersen qui raconte qu'un vieux monsieur, un jour, se trompa de « galoches » en sortant d'un dîner en ville. Les galoches, une sorte de surchaussures en caoutchouc qu'il mit sur ses pieds, étaient celles d'une fée. Elles lui permirent d'« entrer » dans la tête des gens et d'y lire leurs pensées. Et comme il arrive dans les contes, elles lui causèrent toute sorte d'aventures jusqu'à ce qu'il les perde dans un autre dîner.

Lorsque j'explique à mon client comment se mettre véritablement à la place de l'autre, et en constatant que l'appellation savante de « positions de perception » a la plupart du temps peu de succès, j'utilise le terme des « galoches magiques », métaphore qui bien souvent fait « tilt » dans son esprit.

Les très bons négociateurs ont tous une stratégie particulière pour se faire une idée pertinente des tenants et aboutissants et prendre des décisions appropriées. Ils se représentent la situation de plusieurs points de vue :

– le leur : **position n° 1** ;

– celui de leur interlocuteur : **position n° 2** ;

– celui d'un conseiller / observateur, informé mais dépassionné et extérieur à la situation : **position n° 3**.

Ils multiplient ainsi les angles de vue et les vecteurs d'informations utiles pour mieux négocier, avec plus de justesse, donc plus de succès.

LA BOITE À OUTILS

Renvoi cahier central p. XVIII

Je suis en 3,
Je suis dissocié de moi,
Je suis dissocié de l'autre,
J'ai déjà essayé les
positions 1 et 2.

Je suis en 1,
Je suis associé à moi-même

Je suis en 2,
Je suis associé à l'autre

La description des positions :

Position n° 1 :

– je suis ici et maintenant « dans mes propres chaussures » ;

– je vois les choses par mes yeux et je les entends par mes propres oreilles ;

– sincèrement, je ressens mes propres sentiments.

Cela veut dire que **je suis associé à mes émotions** (c'est un comporte-ment).

Position n° 2 :

– je me mets « dans les chaussures » de mon interlocuteur ;

– je fais comme si j'étais lui ;

– je regarde par ses yeux ;

– j'entends par ses oreilles ;

– je ressens ce qu'il ressent ;

– et je tire de tout ceci les conclusions que je tirerais si j'étais lui.

Cela veut dire que **je suis toujours associé, mais cette fois-ci aux émotions que l'Autre est en train de vivre.**

Pour véritablement « entrer dans la peau », « dans les galoches » de l'Autre, il ne suffit pas de le vouloir ni de le proclamer. Trop de gens essaient de le faire sans que quoi que ce soit ne se produise, trop d'animateurs de séminaires sur la négociation invitent à « se mettre à la place du client », tandis que les participants restent toujours à la leur, puis de là essaient d'imaginer les « ruses » de leur interlocuteur. Le problème, c'est que pour effectivement se mettre à la place de l'Autre, il faut le faire de

175

façon affective ; il est impossible de le faire uniquement « avec la tête ». Cela requiert un effort d'imagination : il faut s'imaginer être lui, imaginer son corps, sa stature, sa posture, son attitude. **Enfin, il faut se voir soi-même comme étant en face de lui que je suis devenu et ressentir ses émotions.** L'intelligence émotionnelle est comme un conducteur ; il vous arrive alors des pensées, des éclairages (à lui) auxquels vous n'auriez jamais pensé. Vous êtes « dans ses galoches ».

Position n° 3 :

— je me place à égale distance de moi-même (**position 1**) ;

— et de mon interlocuteur (**position 2**) ;

— j'observe ce qu'il se passe du point de vue d'un « consultant » externe non impliqué, neutre ;

— je connais les perceptions et interprétations des protagonistes ainsi que leurs émotions ;

— je ne donne raison ou tort à personne ;

© Éditions d'Organisation

– je n'éprouve aucune émotion ;

– ainsi, je peux voir les aspects de l'interaction et les détails qui ont échappé au regard dans la position 1 et 2 trop teintées par l'émotion.

Cela veut dire que **je suis dissocié.**

Application : situation passée

Première étape :

– A raconte une situation qu'il a vécue dans le passé.

– B lui demande de raconter cette situation en **position n° 1 « moi associé »** : je suis dans mes propres « galoches ».

– B vérifie que A s'associe bien à son récit : « Je », « Moi », temps passés, émotions, …

Deuxième étape :

– B demande à A de raconter la même chose mais en changeant de « galoches», en empruntant celles d'un observateur non impliqué dans la scène : en **position n° 3, « méta ».**

– B vérifie que A parle de lui en « elle, il », qu'il n'a pas d'émotions.

– B recueille de A les éclairages, les « compréhensions » qu'il retire de ce point de vue différent.

LA BOITE À OUTILS

Troisième étape :

– B demande à A de raconter encore la même chose en changeant à nouveau de « galoches », en empruntant celles d'un adversaire : en se plaçant en **position n° 2.**

– B vérifie que A parle de lui en « il, elle », de son adversaire en « je, moi », qu'il ressent les émotions de l'autre.

– B recueille de A les éclairages, les compréhensions qu'il retire de ce troisième point de vue.

Quatrième étape :

– B demande à A de retourner en position 1 et de recommencer son récit une dernière fois en l'enrichissant des éclairages que les positions 1 et 2 lui ont apportés.

Cinquième étape :

– B demande à A de préciser tout ce qui a changé entre le premier récit et cette quatrième version et d'esquisser une stratégie appropriée.

Pour introduire la technique des « galoches magiques », j'utilise souvent la métaphore des « portes de Bagdad », qui est un vieux conte soufi. On raconte qu'il y a très longtemps un riche marchand, en mourant, laissa la consigne suivante : toute sa richesse irait à celui des ses deux fils dont le cheval passerait le dernier les portes de Bagdad. Les deux fils, après avoir enterré et pleuré leur père, allèrent à Bagdad et chaque jour montèrent en selle pour parader devant les portes de la ville. Le temps passa et les choses devinrent de pire en pire : ils s'insultaient, se bagarraient et finissaient par maudire la mémoire de leur père, dont la consigne laissée restait incompréhensible. Mais un jour, un homme passa à proximité et s'enquit de leurs malheurs. Aussitôt informé, il les fit venir à lui et leur chuchota quelques mots dans le creux de l'oreille. Les deux frères, aussitôt remontés en selle, se dirigèrent alors comme des fous vers les portes de Bagdad... **Mais qu'a donc pu leur dire cet homme ?**

© Éditions d'Organisation

Lorsqu'en atelier je pose la question aux participants ou au(x) coaché(s), ils ne trouvent généralement pas la réponse (même s'ils proposent des solutions : le partage, la négociation entre les frères, etc.). Mais il arrive aussi qu'un participant trouve le conseil que l'homme a chuchoté à chacun des deux frères : « Monte sur le cheval de ton frère ! ». Pour trouver la réponse, il faut accomplir l'exercice de se mettre dans les « galoches » de l'autre frère.

Une autre histoire, plus moderne celle-là, résume assez bien la même idée : un père et son fils sont en voiture. Un accident survient. Le fils est gravement blessé, le père légèrement. On les amène à l'hôpital. On conduit le fils en salle d'opération et le père en salle d'observation. Le chirurgien arrive, regarde le visage du fils et s'écrie : « Mais c'est mon fils ! Je ne peux pas l'opérer ! » et il dit vrai. **Comment est-ce possible ?**

Toutes les suppositions fusent de la part des participants : père spirituel, beau-père… et d'autres encore plus créatives. La réponse est pourtant très simple : le chirurgien est la mère du fils. Mais pour la trouver, faut-il encore sortir du raisonnement linéaire qui donne au mot « chirurgien » la connotation qu'il s'agit d'un homme.

Cela illustre aussi la façon de filtrer les informations et le fait que la représentation de la RÉALITÉ n'est pas La RÉALITÉ.

Pour prendre du recul : la dissociation

Pour (faire) prendre du recul, il existe toute une gamme de techniques de dissociation.

Nous avons déjà évoqué le fait qu'il existe des personnes qui sont naturellement « pré-cablées » comme « dissociées », et qui d'ailleurs peuvent paraître « froides » si l'on ignore ce phénomène. Leur pré-câblage « dissocié » fait que lorsqu'elles se représentent une scène, elles se voient de l'extérieur, comme si elles étaient des spectateurs et non des acteurs. Dans ce cas, **les émotions sont comme « filtrées » : ceci est** un excellent procédé pour apprendre à atténuer les émotions négatives ou trop fortes. Par opposition, la personne « trop associée » se voit complètement dans l'action, avec un périmètre de vision très petit, les émotions sont très fortes et si elles sont négatives, cela crée une véritable « explosion ».

Il existe donc un axe « Associé <=> Dissocié » avec deux pôles respectifs :

ASSOCIÉ<=-------------------------------------=>DISSOCIÉ

Chaque personne, à tout moment de son existence, se situe quelque part sur cet axe. En outre, il existe pour chacun de nous une « zone » habituelle où l'on « fonctionne » en mode de « pilotage automatique ». Si cette zone se situe plutôt au milieu, les choses se passent relativement bien. Mais si la personne tend un peu trop vers l'un ou l'autre extrême, alors les difficultés s'annoncent. Ce qu'il faut, c'est avoir plus de flexibilité sur cette axe : **choisir de s'associer** quand il faut être particulièrement « percutant » ou avoir du charisme, de la présence (ou encore quand les émotions sont positives) ; et **se dissocier** en situation de conflit, de crise, ou d'émotions négatives. Bien sûr, ce n'est pas toujours évident à appliquer : beaucoup de personnes ne savent que s'associer, et quand il s'agit de se dissocier ou, en langage courant « prendre du recul », ils ne savent pas le faire ou le font de façon incomplète. Ou encore pire : ils proclament qu'ils sont « dissociés », tandis qu'ils sont toujours associés (à leurs émotions négatives). En ce qui concerne les coachs, ils se déplacent sur cet axe comme sur d'autres axes de profils fonctionnels, en multipliant les angles de vue, les positions, les échos.

Le manager-coach devrait acquérir cette souplesse qui lui servira aussi bien pour manager que pour coacher ses collaborateurs.

Dissocié = Spectateur (moins d'émotions)

**Renvoi
cahier central
p. XIX**

Associé = Acteur

Le schéma illustre la différence entre la personne dissociée (en haut, le personnage blond) et associée (les deux boxeurs). Remarquez la différence entre le champ de vision de la personne dissociée et celui de la personne associée qui a vraiment « le nez dans le guidon ». La personne dissociée est un spectateur externe du match des boxeurs. Ceci est normal, parce qu'il ne boxe pas lui-même. Il suffit d'imaginer qu'un de boxeurs se projette à sa place tout en continuant à boxer et se voit alors de l'extérieur en train de boxer. Et là, on peut dire qu'il est dissocié. D'ailleurs, les sportifs pratiquant les arts martiaux savent très bien faire cet exercice qui consiste à se dissocier un bref moment pendant le combat pour rectifier des détails ou s'apercevoir de choses que l'on ne voit pas en première position. En voici l'illustration :

LA BOITE À OUTILS

SIMPLE DISSOCIATION

Dissocié

**Renvoi
cahier central
p. XX**

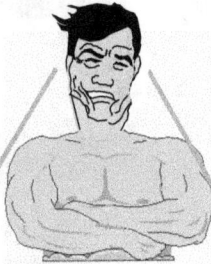

Associé

Le procédé que nous venons de décrire se nomme **la dissociation**. Elle permet de prendre du recul car lorsque nous sommes en position d'association, notre champ de vision est étroit (60° environ), tandis qu'en dissociation, il est presque de 180°. La position de recul (dissociation) permet d'avoir une **vue globale** de la situation tandis qu'en position d'association, la vision est plus **spécifique** : le champ étant étroit, on voit de façon fragmentaire (la vue d'ensemble manque). Ce changement de perspective filtre les ressentis émotionnels et agit d'autant plus efficacement que de cette position (que l'on appelle parfois « la position de l'observateur »), l'intéressé(e) voit les choses différemment, remarque des détails qui lui ont échappé... Il arrive que la personne, une fois qu'elle s'est mise en cette position, commence à avoir une vue d'ensemble qui change sa « lecture » de la scène. Cela veut dire **que l'interprétation même** de la scène peut changer après l'application de cette technique. Pour réussir à s'ancrer dans cette position, et spécifiquement pour ceux qui n'y réussissent pas et retournent « spontanément » dans la position « associée », on peut leur recommander de s'imaginer être leur propre « consultant » et s'observer en train de « jouer » la « partie ».

Une autre façon consiste à faire des va-et-vient constants sur l'axe « Associé <=> Dissocié ». **Pour le manager-coach, c'est une astuce et une stratégie** intéressante pour prendre une décision, gérer un conflit, négocier ou vivre une autre situation qui demande un recul nécessaire ; bref, une stratégie utile pour réussir le processus de coaching. Certains dirigeants, commençant à pratiquer la dissociation, m'ont confié que c'était « une révélation ». Dans la conduite quotidienne des équipes, dans la gestion de la crise en situation de conflit, elle a fait ses preuves et constitue une ressource précieuse.

Fournissons un autre exemple de l'application créative de la **technique de dissociation** en coaching.

Exemple :

Un coach invite son coaché à prendre du recul par rapport à une situation donnée que ce dernier a mal vécue (scène de conflit). Il lui demande de sortir « la cassette de la scène en question » des « banques de données » de sa mémoire et d'évaluer sur une échelle de un à dix le ressenti désagréable interne qu'il garde par rapport à la scène en question. Si le ressenti est égal ou supérieur à neuf, la technique proposée est trop « faible », si le ressenti est de l'ordre de cinq-huit, il est possible de traiter la scène. Le coach propose donc de la visualiser sur un écran de télévision, de cinéma ou encore d'ordinateur, en se plaçant à une distance confortable (pas trop près) de « l'écran ». Cette visualisation se fait le son coupé ou baissé. Le coaché se regarde en action avec d'autres protagonistes de la scène, toujours en se positionnant de l'extérieur ; à aucun moment il ne « rentre » dans l'écran. Il est important qu'il se concentre et *observe ses réactions émotionnelles* en tant que protagoniste, *sans jamais les ressentir* : il doit rester dissocié tout le long de cette visualisation. À la fin, le coach « fait une pause » en commentant quelque chose qui n'est pas lié à l'exercice qui vient d'être fait, puis invite le coaché à repenser à la scène et à évaluer le ressenti du moment. Trois réactions sont possibles :

– 1. La **dissociation** peut être **complète** : le coaché a du mal à retrouver la scène en question, ce qui signifie que le manager-coach a réussi l'opération et que le ressenti est devenu neutre, de l'ordre du zéro (le contenu est peut-être même « passé » comme un rêve fugitif, de l'autre côté, dans l'inconscient).

– 2. La **dissociation** peut être **partielle** : le coaché trouve que le ressenti désagréable a diminué, par exemple, de sept à trois.

– 3. Il peut n'y avoir **aucune dissociation** : aucun changement n'est alors constaté (peut-être parce que la personne « bloque » et ne fait pas l'exercice, par exemple parce qu'elle n'y croit pas). Si le coach pratique cet exercice dans un groupe de douze personnes, une-deux personnes se retrouvent dans la situation 1 (dissociation complète), cinq-sept dans la situation 2 (dissociation partielle) et deux-trois dans la situation 3 (aucune dissociation). L'intérêt secondaire de cet exercice est qu'il donne la cartographie des personnes en termes de résistances au changement.

Pour changer la signification des événements : le recadrage

La signification d'un événement dépend du « cadre » que nous plaçons autour. Lorsque nous changeons de cadre, nous changeons la signification du « tableau ». C'est ce que l'on appelle le recadrage : **changer le cadre** et fournir une autre signification au contenu. Quand on a changé (en recadrant positivement) la signification, les gens ne peuvent plus réagir négativement.

Exemple :

On parle de la crise que l'entreprise est en train de traverser. Si l'on évoque alors la signification originale du mot grec « crise » (à savoir : opportunité), on amène les acteurs à réfléchir dans cette direction-là. C'est un recadrage en soi.

Autres exemples :

– « Cela coûte extrêmement cher ! »

– « Oui, c'est un investissement important ».

Ou encore le récit d'une expérience vécue aux USA par une Française ; lors d'un entretien d'embauche, elle déclare à son futur employeur : « Je vous préviens, je suis dyslexique ».

– « Mais c'est formidable », répond l'employeur, « Einstein était dyslexique ! »

Ce nouveau cadre va donc conférer à l'affirmation *a priori* perçue comme négative un sens plutôt positif. Exemple :

Affirmation neutre	Recadrage positif	Recadrage négatif
Elle est dyslexique	Einstein l'était aussi	C'est un handicap
Il n'est pas dépensier	Il est économe	Il est radin
Il se comporte de façon proche	Il est amical	Il est familier
J'ai reconsidéré ceci	Tu as changé d'avis	Il est revenu sur sa parole

Autre exemple :

A. Hitchcock, dans son interview sur la magie du cinéma, décrit les situations suivantes. On voit un homme assis sur un banc qui regarde les passants :

1) Si la caméra montre *ensuite* un bébé dans son landau puis de nouveau l'homme qui sourit, le public en conclut : « C'est un bon gars » (attribution de sens donc interprétation).

2) Par contre, si la caméra montre *ensuite* une femme décolletée, puis de nouveau l'homme qui sourit, le public en conclut : « C'est un sale type » (Attention, nous sommes en Amérique puritaine !). **Ainsi, le défilement des images produit une chaîne d'interprétations et des émotions respectives.**

Pour aborder une solution autrement : les métaphores

Les métaphores sont des outils de changement d'autant plus efficaces qu'elles « branchent » notre intelligence émotionnelle et mobilisent le rationnel et l'émotionnel en même temps. Ce mot grec veut précisément dire « transport » et nous les utilisons dans ce sens, pour aller de l'Espace problème à l'Espace solution.

Les métaphores verbales

Ce sont des expressions courtes ou des histoires, telles que les fables, les contes traditionnelles, etc., des citations, des mots « ailés » comme on les appelle en russe. En effet, ils vous inspirent, élèvent, montrent une autre perspective. Voici une citation de Sénèque que l'on évoque lorsqu'on veut recentrer sur l'objectif : « *Il n'y a pas de vent favorable pour celui qui ne sait pas où il va* ».

Exemple de métaphore lors d'une restructuration :

Le patron est contesté par l'équipe, il y a des tensions entre lui, son adjoint et l'équipe. Le coach va donc parler du **capitaine du bateau**, du **second** et des **matelots** qui préparent une mutinerie. Or, la tempête est déjà là et il faut donc mettre tout cela de côté pour lui survivre.

© Éditions d'Organisation

Les métaphores verbales sont très efficaces parce qu'elles portent en elles le sens qui suggère et permet aux intéressés de trouver eux-mêmes la solution. En effet, l'appropriation de la conclusion se fait plus naturellement puisque le message est enveloppé de l'histoire et qu'une fois l'histoire « pelée », l'essence du message n'est pas identifiée comme venant de la personne ayant raconté l'histoire mais comme venant de l'intérieur de celui qui a l'a « pelée ». À ce moment, **l'impact émotionnel** du message profond est énorme et mobilise la personne vers le changement (soit de regard, soit de perspective, soit d'attitude ou de comportement). Les métaphores ont été un outil d'influence pour les communicateurs historiques ou mythiques de tous les temps.

Elles ont un important pouvoir de recadrage des situations bloquées et puisqu'elles favorisent une solution endogène, venant de « l'intérieur » de la personne coachée, il n'y a pas de risque de résistance… Le manager-coach a tout intérêt à avoir recours aux métaphores dans son travail pour favoriser le changement rapide et endogène.

Exemple :

Lorsque le coach évoque un objectif qui paraît impossible ou la solution apparemment insoluble, il est possible de raconter l'histoire des dix-sept moutons qu'un riche paysan laisse à ses trois fils avec la consigne suivante : « je laisse à mon fils aîné la moitié, à mon second, un tiers, à mon cadet, le neuvième ». Les trois fils n'arrivent, bien sûr, pas à partager les dix-sept bêtes, et en le constatant, le(s) coaché(s) interrogé(s), commence(nt) à imaginer des solutions compliquées. Or, continue le coach, un petit vieillard passant par là voit les trois fils se disputer, leur dit : « je vais vous prêter mon mouton à moi, cela fera dix-huit. La moitié, c'est donc neuf, prends-la ». Le fils aîné s'exécute, « le tiers, c'est six, c'est pour toi », le deuxième en fait autant.
« Maintenant, le neuvième, c'est bien deux, ils sont à toi, le cadet. Tiens, il reste un, c'est bien le mien, je le reprends ». Le(s) coaché(s) font le compte : 9 + 6 + 2 = 17 ! Cette magnifique histoire existe dans plusieurs traditions orales et on la retrouve dans les contes traditionnels orientaux, africains et russes.

Sans jamais expliquer la métaphore à celui à qui on la « délivre », au risque de lui faire perdre sa nature de technique d'intervention, il s'agit bien ici de sortir du « tunnel » de raisonnement linéaire et démontrer,

LA BOITE À OUTILS

comme disait A. Einstein, que l'on ne peut point résoudre le problème avec la même logique qui a servi pour créer ce problème.

Que vous utilisiez la métaphore poétique de l'histoire des dix-sept moutons ou que vous citiez A. Einstein, ce qui constitue aussi une métaphore, le message de changer de logique et « élargir » « percute » le(s) intéressé(s) avec beaucoup de force et vous pouvez alors revenir sur le problème qui paraissait insoluble pour chercher la solution autrement.

Les métaphores non-verbales

Les métaphores non-verbales sont, par exemple, une sculpture, un objet symbolique qui véhicule un message porteur de sens du changement.

Exemple :

Dans le cas de ma pratique de coaching, j'utilise les objets comme des petites **briques** faites de terre cuite que je manipule dans le sens premier du terme, pour « construire » les fondations de la « **maison** », montrer que « tout se tient », etc. D'autre part, pour illustrer le nom latin que j'ai donné à ma société Idem Per Idem Consultants ainsi que le processus de coaching, j'utilise les objets symboliques comme des morceaux de **charbon** ou des **répliques de diamant** et je les commente en disant que pour tailler un diamant, il faut un autre diamant. Ou alors je pose sur la table une petite statuette d'un **coach traditionnel** africain en bronze et j'explique comment il se réfère au chef de sa tribu pour l'aider à prendre des décisions difficiles. Il m'arrive de le prendre « à témoin » ou de m'adresser à lui en tant que témoin, référent du coaching en cours. Il me permet de formuler certaines choses « difficiles » et de faire passer un message spécifique.

Quand on parle de « ressources » nécessaires pour réaliser un objectif ambitieux, je sors un « coffre aux trésors » qui reste fermé au début et j'utilise les techniques spécifiques pour « brancher » le coaché sur les ressources internes ou pour créer celles qui lui manquent.

Le coffre « porte » la métaphore, la matérialise et apporte le sens qui permet de réaliser l'objectif.

© Éditions d'Organisation

Il m'arrive aussi d'« incorporer » certaines circonstances dans le processus de coaching, de « créer » des métaphores non-verbales occasionnelles « sur mesure ».

Exemple :
Un jour, face à un cadre supérieur travaillant à un tiers de son potentiel, dont la Direction espérait davantage de résultats mais ne savait pas comment lui faire passer le message, j'ai créé la métaphore suivante : au début de la séance, je lui ai demandé si je pouvais avoir un café. Nous sommes allés ensemble à l'étage où il y avait un **distributeur de boissons** (que j'avais repéré plus tôt), chroniquement en panne de toutes les boissons théoriquement possibles, sauf le café et le thé au citron. En lui montrant cette machine, je lui ai dit : « incroyable, elle pourrait faire quatre sortes de cafés, deux thés différents, du chocolat, du jus d'orange et même une soupe de tomate ! Comment ça se fait que seules deux options fonctionnent ? Est-ce que quelqu'un a « décidé » que c'était suffisant ? Ou est-ce que c'est pour punir quelqu'un ? ». J'ai alors observé l'impact de ce message : l'appropriation s'est faite de façon fulgurante. Le fait que nous étions presque « hors du cadre de coaching » (ou tout au moins à la frontière de celui-ci) a amplifié la métaphore. Nous sommes rentrés dans le cadre de la séance immédiatement après et avons travaillé avec succès autour de ce thème pendant deux heures.

Les métaphores non-verbales peuvent être très aidantes à condition que l'intention du coach soit limpide et se situe dans la ligne de mire du coaching : aider l'Autre à atteindre ses objectifs. Si elle contient d'autres intentions parasites, telles que montrer sa supériorité ou se moquer (même gentiment), la métaphore n'est plus reçue, mais refusée. Encore une fois, et on ne le dira jamais assez, l'intention profonde du coach est une clé qui ouvre ou ferme la porte du changement attendu. **On ne peut pas coacher ni aider l'Autre hors du cadre du non-jugement et du respect.**

189

Conclusion

Si les **deux premières MÉTA-COMPÉTENCES* du MANAGER les plus sollicitées aujourd'hui** sont :

– *compétence à mener le changement* ;

– *compétences à coacher l'équipe*, donner et porter le sens (en tant que <u>direction</u> et en tant que <u>signification</u>), faire « grandir » les hommes et les femmes de l'organisation,

elles doivent être relayées par les deux suivantes, à savoir :

– *le Rayonnement Personnel* ou la compétence à **incarner le sens** ; le capital de l'Intelligence émotionnelle ;

– *le Capital de l'Intelligence Politique* ou la capacité de déployer la stratégie adéquate pour mener à bien les projets stratégiques, souvent transversaux et transculturels, dans un environnement politiquement complexe.

Ces Méta-compétences sont nécessaires pour piloter l'entreprise, catalyser le changement et améliorer les performances des personnes et des équipes.

Le parallèle avec le pilotage est intéressant parce que le Commandant de bord, tout comme Manager, doit tenir le cap pour arriver à l'objectif dans les meilleurs délais et conditions. Pour cela il lui faut d'abord décider de la meilleure trajectoire à prendre en fonction des contraintes de l'environnement, comme la météo, des contraintes de l'appareil et des contraintes humaines (réactions de l'équipage et des passagers).

Pendant des phases critiques du vol, il va donc « piloter à vu » en arbitrant en permanence des risques, puis brancher « l'auto pilote » pendant des phases de routine. Car dans son monde très normatif, avec des procédures pour tout y compris l'urgence, il est capable, s'il juge nécessaire, de sortir du mode de fonctionnement « procédure » pour basculer instantanément en celui d'« option ».

Sa tâche est complexe car il pilote en même temps et l'avion et l'équipe.

Pour piloter le premier il a un cockpit avec des dizaines de cadrans électroniques ; pour piloter l'équipe il a son talent et son expérience de commandant de bord exprimée en milliers d'heures de vol.

L'objectif de la deuxième partie du livre (« **II. LA BOITE À OUTILS** »), contenant les outils de décodage et d'intervention, c'est doter le Manager-Coach d'un « cockpit » de pilotage de la Relation. Ce « cockpit » réunit les « **cadrans** » **de décodage**, tels les premiers indicateurs qui fournissent au Manager-Coach un appui « rationnel » pour ses intuitions en lui permettant de « corriger le cap » et mieux impliquer les différents acteurs et équipes de l'organisation.

Aux « **cadrans** » **de décodage** tels que « Profils fonctionnels », ou « Langue dominante », ou « Valeurs », s'ajoutent des « instruments de pilotage » et des « correcteurs de cap » : « Score », « Galoches », et autres **Outils** et **Techniques d'Intervention** qui servent à « piloter » le changement et coacher les hommes, les femmes et les équipes.

Renvoi cahier central p. XXI

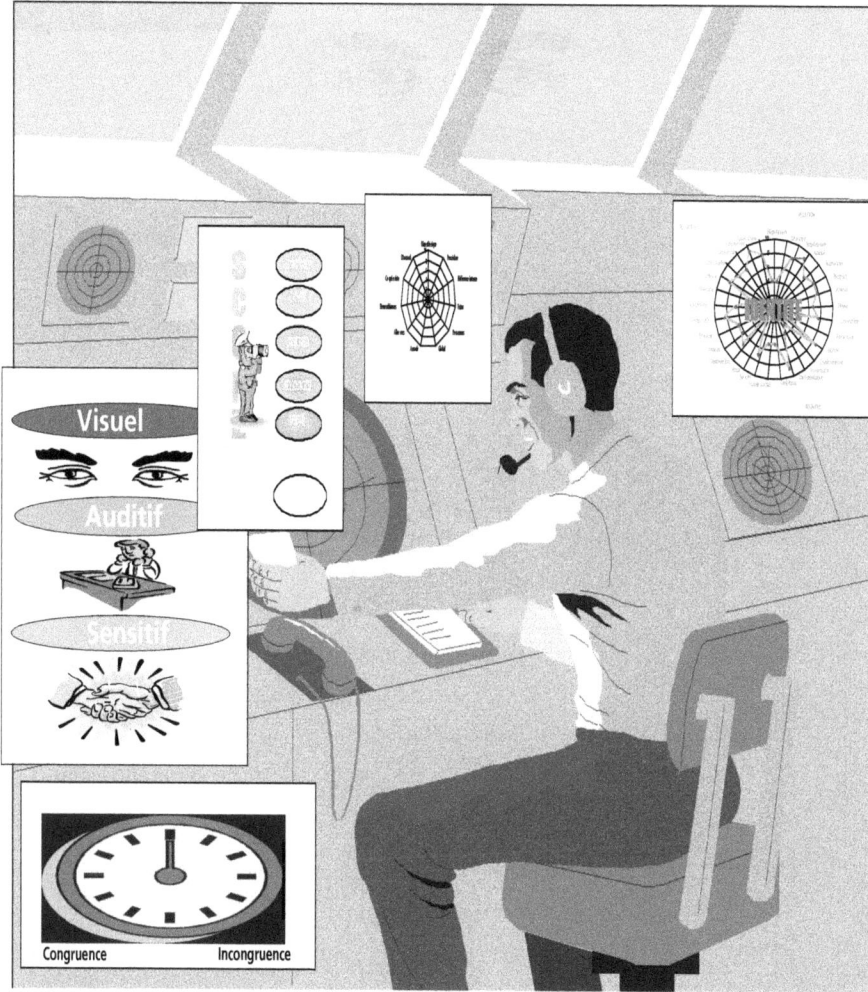

Le cockpit du manager-coach

Renvoi
cahier central
p. XXII

Le système VAS

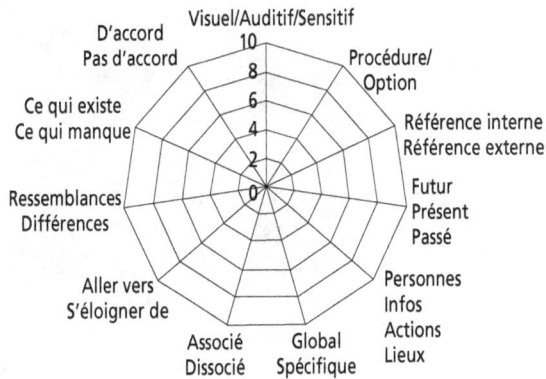

Les profils « radars » :
La matrice des Profils Radar indispensable pour établir des profils concrets

© Éditions d'Organisation

194

Renvoi cahier central p. XXIV

Balance d'intensité d'un pôle à l'autre évaluée sur une échelle de 0 à 10.

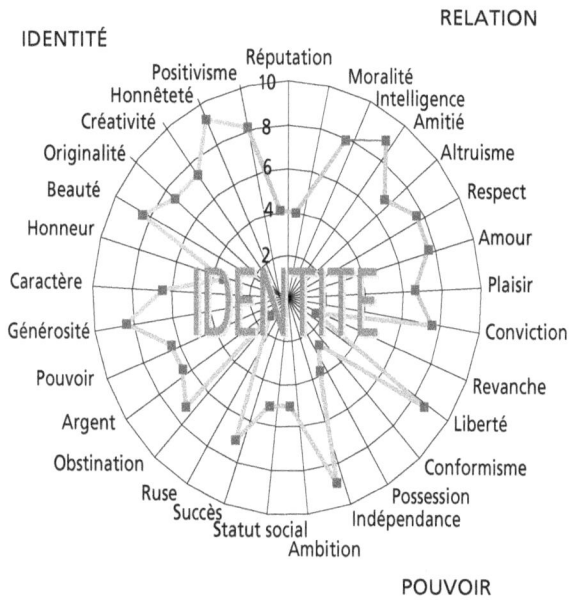

La banque de valeurs

Coacher une équipe, c'est la faire « grandir » la « transformer », en partant du $(1+1=2)$ ou, parfois, $(1+1=-1)$ en $(1+1=3$, voir 4, 5 ou plus), par exemple.

En effet, avez- vous déjà remarqué que, quelquefois, plusieurs individus, brillants et efficaces, une fois réunis, forment une équipe médiocre et, parfois même, totalement contre-efficace ?

Le Manager-coach sait très bien que l'intelligence cognitive et rationnelle ne présage en rien la capacité de bien travailler en équipe. C'est le capital de l'intelligence émotionnelle de l'équipe qui détermine son « output »de production. **La relation** entre les membres de l'équipe est primordiale.

Le Manager-coach « travaillera » cette relation et son *Rayonnement personnel* aura un impact direct sur le « output ».

Pour terminer, revenons encore une fois à la parabole du diamant et du graphite.

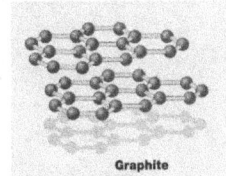

Graphite

Tous les deux pareils, constitués d'atomes de carbone pur, leur seule différence réside dans leur structure moléculaire.

Les atomes sont en effet beaucoup plus espacés dans le graphite : distribués en hexagones, ils forment des couches successives faiblement reliés entre elles : ce qui explique le manque de cohésion et la fragilité d'une mine de crayon.

Tandis que dans le diamant, les atomes forment un système cubique dont la très grande cohésion est assurée par des liaisons covalentes très solides. Extrêmement dur, le diamant ne peut être taillé que par un autre diamant.

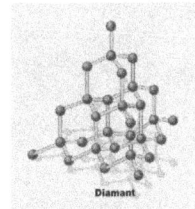

Diamant

© Éditions d'Organisation

Bibliographie

Ouvrages sur l'École de Palo Alto

BATESON, Gregory, *Vers une écologie de l'esprit,* Le Seuil, Paris, 1980.

BATESON, Gregory, *La nature et la pensée,* Le Seuil, Paris, 1984.

BATESON, Gregory, *La Nouvelle Communication,* Le Seuil, Paris, 1981.

NARDONE, Giorgio, WATZLAWICK, Paul, *L'Art du changement : thérapie stratégique et hypnothérapie sans transe,* L'Esprit du Temps, Bordeaux, 1993.

SEGAL, Lynn, *Le Rêve de la Réalité : Heinz Von Foester et le constructivisme,* Le Seuil, Paris, 1990.

WATZLAWICK, Paul, *Le langage du changement : éléments de communication thérapeutique,* Le Seuil, Paris, 1990.

WATZLAWICK, Paul, *Faites vous-même votre malheur,* Le Seuil, Paris, 1984.

WATZLAWICK, Paul, *La Réalité de la réalité : confusion, désinformation, communication,* Le Seuil, Paris, 1984.

WATZLAWICK, Paul, *L'Invention de la réalité,* Le Seuil, Paris, 1988.

WATZLAWICK, Paul, *Les Cheveux du baron de Münchhausen : psychothérapie et réalité,* Le Seuil, Paris, 1991.

WATZLAWICK, Paul, HELMICK-BEAVIN, John, JAKSON, Daniel, *Une logique de la communication,* Le Seuil, Paris, 1979.

WATZLAWICK, Paul, WEAKLAND John, FISCH, Richard, *Changements : paradoxes et psychothérapie,* Le Seuil, Paris, 1981.

WATZLAWICK, Paul, WEAKLAND, John, *Sur l'interaction, Palo Alto : 1965-1974, une nouvelle approche thérapeutique,* Le Seuil, Paris, 1981.

Ouvrages sur la résolution de problèmes

ADAMS James L., *Conceptual Blockbusting : A Guide to Better Ideas,* 2nde édition, W. W. Norton & Co Inc., New York, 1979.

BURNS Marilyn, *The Book of Think or How to Solve a Problem Twice Your Size,* A Brown Paper School Book, Boston, 1976 (pour enfants).

DE BONO Edward, *Lateral Thinking : Creativity Step by Step,* Harper & Row, New York, 1970 (Éditions d'Organisation, Paris, 1985).

DOYLE Michael, STRAUS David, *How to Make Meetings Work,* Playboy Press, Chicago, 1976.

GORDON William J. J., POZE Tony, *The Art of the Possible,* Porpoise Books, Cambridge, 1976.

GORDON William J. J., POZE Tony, *The New Art of the Possible,* Porpoise Books, Cambridge, 1980.

HANKS Kurt, BELLISTON Larry, EDWARDS Dave, *Design Yourself,* Los Altos, Wm. Kaufman, Inc., (année ?)

STRAUS David, *Strategy Notebook,* Interaction Associates, San Francisco, 1971.

Ouvrages en neuro-linguistique

BANDLER, Richard, *Un cerveau pour changer,* Inter Éditions, 1990. (Traduction de : *Using your brain for a Change,* Real People Press, 1985.)

BANDLER, Richard, *Magic In Action,* Meta Publications, 1985.

BANDLER, Richard, GRINDER, John, *Les secrets de la communication,* Le Jour, Montréal, 1981. (Traduction de : Frogs into Princes, Real People Press, 1979.)

BANDLER, Richard, GRINDER, John, *The Structure of Magic 1,* Science and Behavior Books, 1975.

BANDLER, Richard, GRINDER, John, *Patterns of the Hypnotic Techniques of Milton H Erickson,* M D. 1, Meta Publications, 1975.

BANDLER, Richard, GRINDER, John, SATIR, Virginia, *Changing with Families*, Science and Behavior Books, 1976.

CLEVELAND, Bernard F., *Master Teaching Techniques,* Connecting Link Press, 1984.

DILTS, Robert B., *Applications of Neuro-Linguistic Programming,* Meta Publications, 1983.

DILTS, Robert B., *Roots of Neuro-Linguistic Programming,* Meta Publications, 1983.

DILTS, Robert B., GRINDER, John, BANDLER, Richard, DELOZIER, Judith, CAMERON-BANDLER, Leslie, *Neuro-Linguistic Programming 1,* Meta Publications, 1979.

FARRELLY, Frank, BRANDSMA, Jeff, *Provocative Therapy,* Meta Publications, 1978.

© Éditions dOrganisation

Index

www.ingramcontent.com/pod-product-compliance
Lightning Source LLC
Chambersburg PA
CBHW080538220326
41599CB00032B/6300